ÉGLISE MONUMENTALE

DE

N.-D. DE LA TREILLE

ET

SAINT-PIERRE

ÉGLISE MONUMENTALE

DE

N.-D. DE LA TREILLE

ET

SAINT-PIERRE

COMPTE-RENDU

DE LA

PÉRIODE DÉCENNALE

1853 - 1863.

LILLE

L. LEFORT, IMPRIMEUR LIBRAIRE

RUE CHARLES DE MUYSSART.

M D CCC LXIII.

COMPTE-RENDU

1853 - 1863.

PREMIÈRE PARTIE

Aperçu historique de l'Œuvre.

Dix années se sont écoulées depuis qu'une voix inspirée vint faire appel aux antiques et religieux souvenirs de Lille glorifiée à travers les siècles du titre de cité de la Vierge. C'était une semence destinée à tomber non pas sur la pierre aride pour s'y dessécher, non pas sur le chemin pour y être foulée aux pieds, mais sur une terre riche et féconde où elle devait fructifier au centuple.

Et c'est ainsi qu'une Œuvre a surgi, dont la pensée avait traversé le temps et s'était perpétuée, par une fidèle et patriotique transmission, dans des générations de nobles cœurs en qui se conservaient l'ardeur et l'espérance de sa réalisation. Cette OEuvre devait faire revivre, dans la construction d'une église monumentale, les grandes et pieuses traditions que rappellent le culte de Notre-Dame de la Treille et la collégiale de Saint-Pierre. Elle avait à répondre à la reconnaissance, aux regrets, aux aspirations d'une population tout entière, en embrassant l'histoire de notre cité, en restaurant ses plus beaux titres de gloire et en reliant, dans une même pensée, les splendeurs de son passé et les grandeurs promises à son avenir.

Accueillie, à sa naissance, avec enthousiasme, l'OEuvre de Notre-Dame de la Treille et Saint-Pierre a manifesté cette puissance de développement qui appartient à tout ce qu'anime le double sentiment de la religion et de la patrie. C'est de tous les côtés, de tous les rangs, du sein de toutes les classes, que le concours est venu, le même dans son principe, différent dans sa mesure, généreux partout. Et aujourd'hui qu'il y a de nouveaux efforts à faire, qu'il s'agit d'adresser un nouvel appel à cette générosité si souvent éprouvée de nos religieuses populations, non plus pour commencer l'OEuvre qui s'est affirmée, mais pour la continuer, la confirmer dans sa grandeur, son excellence, et dans la gloire qui déjà en rejaillit sur notre noble ville, il importe de jeter un regard en arrière sur la période parcourue, sur les résultats obtenus, sur tout ce travail matériel et moral qui s'est accompli en partie, sans doute, par les efforts des hommes, mais d'une manière bien plus sensible, plus manifeste et plus étendue par la protection de Dieu.

Les efforts des hommes, la protection de Dieu : c'est

sous ce double aspect, dans cette double voie que nous avons à examiner l'Œuvre dont nous venons retracer l'histoire, constater les progrès et préciser la situation au terme de la période décennale que nous avons à embrasser.

Et avant d'aborder les considérations techniques et les questions de chiffres, il nous paraît nécessaire de rappeler succinctement la suite des faits qui constituent, pour ainsi dire, la vitalité historique, religieuse et providentielle de l'Œuvre. Et bien que ces faits, pour un certain nombre, aient déjà été exposés successivement dans les divers rapports présentés chaque année aux souscripteurs, il appartient à ce travail récapitulatif de les résumer dans une vue d'ensemble et dans leur complète signification.

Pour ne pas remonter trop haut dans la chaîne des temps, et pour nous borner à des manifestations contemporaines, il suffit, pour constater jusqu'où s'étendent dans le passé les racines de l'Œuvre, de rappeler qu'en 1833, le baron Méchin, alors préfet du Nord, appréciant la déplorable mutilation que la destruction de la collégiale de Saint-Pierre avait infligée à la ville de Lille, se préoccupait de la pensée de réparer cette triste lacune, et avait porté, dans ce but, ses vues de réédification sur l'emplacement où se trouve actuellement le Lycée.

Mais les temps n'étaient pas encore venus, et la Providence, qui voulait les hâter, en préparait l'avènement par des signes divers : C'était en 1842, la restauration du culte de Notre-Dame de la Treille et la remise en honneur de sa statue miraculeuse. C'était en 1846, notre premier pasteur, Mgr Giraud, de sainte et vénérable mémoire, venant consacrer à Notre-Dame de la Treille sa personne et son diocèse. C'était en 1849, au sein de l'exil de Gaëte, le souverain pontife, l'immortel Pie IX, accueillant de sa haute approbation la pensée de l'Œuvre qui se réalise aujourd'hui, et la consacrant par ces paroles adressées à notre cardinal-archevêque :

« Parmi les consolations qu'est venue Nous apporter
» votre visite à Gaëte, bien cher fils, Nous avons à compter
» ce que vous Nous avez dit du projet, si plein de foi
» et digne de toute louange, que les habitants de la
» grande et importante cité de Lille ont de réédifier le
» temple mémorable consacré autrefois au prince des
» apôtres [1] (Notre-Dame de la Treille *et Saint-Pierre*)....
» Ayez-en la certitude, la bienheureuse Vierge Marie sera
» avec ce peuple qui lui est si dévoué, et lui prêtera son
» concours le plus efficace pour que ce monument
» impérissable de sa piété filiale et de sa foi s'élève sans
» retard, selon les vœux de tous, au milieu de l'attente
» générale.... »

Et pour assurer la réalisation de cette promesse du souverain pontife, le cardinal Giraud venait, de retour à Lille (6 mai 1849), la déposer aux pieds de Celle dont la protection l'avait accompagné dans tout le cours de son

[1] Il a paru conforme au but de ce travail de rappeler, dans une notice spéciale, l'ensemble des traditions et les faits principaux qui se rattachent à l'histoire de l'Insigne collégiale de Saint-Pierre. Cette notice due à la plume érudite et distinguée de M. Desplanque, ancien archiviste de l'Indre, archiviste adjoint du département du Nord, se trouve aux *pièces à l'appui* (page 107). Elle contribuera à populariser des souvenirs dont il importe de ne pas laisser s'affaiblir la trace au milieu de nous.

pénible et périlleux voyage, et à laquelle il avait fait vœu
de venir de nouveau consacrer, avec le désir de Pie IX,
sa personne et son diocèse.

Tel était le travail de préparation qui se développait
au milieu des orages politiques appelés peut-être eux-
mêmes à le féconder; travail auquel la révolution de
1848 mettait la main à son insu, en faisant, par les
bras des ateliers nationaux, déblayer de son monticule
élevé, le terrain où, quelques années plus tard, devait
surgir le monument de la reconnaissance et de la piété
Lilloise, le sanctuaire de Celle qu'à travers les siècles,
dans la bonne comme dans la mauvaise fortune, au milieu
des périls d'un siége comme devant les menaces de
l'épidémie, les habitants de Lille ont toujours saluée et
salueront toujours *leur Dame et leur Patronne*.

Les cœurs étaient prêts. Etait prête aussi la protection
d'en haut. Une parole tombée de la bouche d'un
prêtre [1] particulièrement dévoué au culte de Marie, à la
suite de la station de carême de 1853, fut comme cette
petite pierre qui, détachée du haut des monts, entraîne
les avalanches. L'élan était donné. La révélation s'était
faite pour tous. Tous voulaient retrouver ce sanctuaire,
gloire et sauvegarde de la cité Lilloise, où Philippe Ier
et saint Louis, rois de France, saint Thomas de Cantorbéry, saint Bernard, saint Vincent Ferrier et tant d'autres
personnages saints et illustres étaient venus se prosterner;
où, aux pieds de Notre-Dame de la Treille, Philippe le
Bon avait promulgué les constitutions et reçu le serment
des premiers chevaliers de l'ordre de la Toison d'or; où,
plus tard, en 1634, le Magistrat de Lille consacrait
solennellement la ville à Notre-Dame de la Treille; où

[1] L'abbé Combalot.

enfin, en mémoire des miracles obtenus dès l'an 1254, avait été instituée cette procession à jamais mémorable dont le solennel anniversaire, six fois séculaire, était prochain et avait une place si grande à prendre dans l'histoire de notre cité, aussi bien que dans les origines et le développement de l'Œuvre réparatrice à laquelle le premier mouvement avait été imprimé.

Et en effet, il ne suffisait pas de la libérale souscription à la tête de laquelle s'étaient mis Mgr l'archevêque de Cambrai et le clergé de Lille, le préfet du Nord, le maire de la ville, et qui avait réuni, en quelques jours, les noms des plus honorables citoyens appartenant à toutes les classes et à toutes les conditions. Sans doute tout semblait inviter et pousser l'Œuvre à se produire dans sa complète réalisation : Rome en avait exprimé le désir, un apôtre y avait excité les cœurs, le premier pasteur du diocèse avait apporté ses encouragements et ses bénédictions ; le chef de l'Etat, à qui, lors de sa visite à Lille en 1853, les membres de la Commission avaient eu l'honneur d'être présentés, avait daigné accueillir la pensée de l'Œuvre et promettre son concours dès qu'un plan définitif aurait été arrêté ; des sommes importantes étaient déjà assurées.

Mais il restait une grave et difficile question : celle du terrain à choisir et à acquérir.

Dieu, qui assigne à toute chose son heure et son moment, avait marqué l'année 1854, cette année à jamais mémorable par la proclamation du dogme de l'Immaculée Conception de la Mère de Dieu, comme le moment solennel où l'Œuvre de Notre-Dame de la Treille et Saint-Pierre devait surgir dans sa pleine vitalité.

Le Jubilé séculaire de Notre-Dame de la Treille était ouvert ; les cœurs battaient de désir et d'espérance ; le

terrain du Cirque avait été désigné, d'une voix unanime,
par l'opinion publique comme le seul qui pût convenir;
il fallait, on voulait avec cette volonté que donne et
autorise l'esprit de foi, que la première pierre du religieux
édifice fût posée avant la fin du Jubilé. La Commission
poursuivait avec ardeur, auprès des propriétaires de l'im-
meuble, des négociations hérissées de difficultés et de
complications; elle arrivait aux derniers jours sans avoir
abouti et avec la crainte d'échouer, lorsqu'enfin tout à
coup, les obstacles s'aplanissant, elle devint maîtresse
du terrain dont elle avait avec tant de labeur poursuivi
l'acquisition.

Cette acquisition a été l'œuvre de la Providence. Nous
le pensons aujourd'hui comme au moment même où elle
s'est accomplie, nonobstant les objections rétrospectives
que l'agrandissement de la ville a pu soulever à cet égard.
La Commission, dans son compte-rendu de 1858, à une
époque où l'agrandissement n'était encore qu'en projet
a répondu à ces objections. Aujourd'hui qu'il est en pleine
voie d'accomplissement, elle ne saurait regretter davantage
le choix qu'elle a été conduite à faire et qui se justifie par
des considérations d'un ordre supérieur qu'elle croit utile
de reproduire ici en partie :

« Mais surtout, disait le Rapport de 1858, après avoir
» établi qu'une église était absolument nécessaire sur le
» point dont il s'agit, ce qui désignait tout spécialement
» le terrain du Cirque, c'est sa valeur, son importance
» historique. Comment la méconnaître? N'est-ce pas en
» effet le sol qui a été le berceau de la ville de Lille et
» dont elle tire son nom; qui a vu dans les premiers
» siècles de son histoire s'élever le château du Buc; qui

» plus tard s'enorgueillissait de cette grande et belle
» église des Dominicains, l'une des gloires artistiques et
» religieuses de la cité? Ce sol ne touchait-il pas à la
» collégiale de Saint-Pierre? N'est-il pas comme le témoin
» et le dépositaire de tous les grands souvenirs léguées
» à notre reconnaissance et à notre amour par l'admi-
» nistration paternelle, glorieuse, libérale des comtes de
» Flandre; par l'histoire si particulièrement dramatique et
» touchante des comtesses Jeanne et Marguerite; par leurs
» fondations charitables, gages de leur profonde piété
» comme de leur ardente sollicitude pour le bien de leurs
» sujets? N'est-ce pas le sol où devait s'asseoir le religieux
» monument dans lequel viendront se résumer l'ensemble
» de nos traditions, l'existence historique de notre cité?
» Cette terre, toute remplie de la vie de nos ancêtres,
» pourrait-elle nous être indifférente et nous trouver moins
» fidèles au culte des souvenirs que ces peuplades éloignées
» qui refusaient de quitter les lieux où elles avaient vécu
» dans leur misère native, parce que les ossements de
» leurs pères ne devaient pas les accompagner sur le sol
» étranger? »

C'est sous l'empire de ces patriotiques sentiments que
s'accomplit, la veille de la grande procession séculaire [1],

---

[1] Nous ne pouvons, en ce compte-rendu, entrer dans les développements
que comporte cette grande solennité du Jubilé de Notre-Dame de la Treille,
qui a eu du retentissement dans tout le monde catholique. Ces fêtes jubilaires,
qui ont laissé au milieu de nous de si doux et si impérissables souvenirs, ont
eu leurs historiens. On peut consulter l'ouvrage intitulé : *Histoire complète
des Fêtes qui ont eu lieu à Lille en 1854, à l'occasion du VIe Jubilé
séculaire de Notre-Dame de la Treille, patronne de la ville de Lille,
par M. l'abbé Capelle, missionnaire apostolique*, et l'*Histoire du Jubilé
séculaire de Notre-Dame de la Treille, par M. Ch. de Franciosi.*

la pose solennelle de la première pierre de l'église monumentale. Cette cérémonie, présidée par Mgr Régnier, archevêque de Cambrai, assisté de dix prélats venus des diverses parties de la France et du monde; le discours chaleureux de M. le préfet [1]; la présence de M. le maire et des représentants de la municipalité; la foule de tout âge et de toute condition, avide, malgré l'inclémence du temps, de contempler cette première assise jetée, pour ainsi dire, entre le passé de nos pères et l'avenir de nos enfants, destinée à porter tant de nobles souvenirs et de si touchantes espérances; ce spectacle, si plein de graves et pures émotions, n'était-il pas comme une double consécration de l'OEuvre à laquelle coopéraient Dieu et les hommes, et ne pouvait-on pas y voir comme un pacte d'alliance entre le ciel et la terre, pour placer sous une protection spéciale Lille, ses habitants, ses intérêts, son avenir?

Telle fut la première période de préparation.

La seconde allait s'ouvrir.

Le terrain était acquis, la première pierre du religieux édifice était posée [2]. Quel serait-il? à quel ordre architectural ira-t-il demander ses splendeurs? Là encore le choix fut unanime. C'est au style si pur, si élevé, si religieux de la première partie du XIIIe siècle, où l'art gothique s'est si remarquablement inspiré de la simplicité et de la grandeur de la foi, que devait appartenir le monument qui, lui aussi, à des titres divers, avait à rappeler les temps où elle enfantait des merveilles.

L'OEuvre de Notre-Dame de la Treille et Saint-Pierre

[1] Voir le discours aux *pièces à l'appui*, page 84.

[2] Voir aux *pièces à l'appui*, page 83, le procès-verbal de la pose de la première pierre.

correspondait ainsi à ce réveil de l'art religieux en Europe qui, au milieu de tant de signes contraires, doit être accueilli comme un symptôme consolant. Non-seulement elle avait à y correspondre, mais il lui appartenait de le développer. Un concours seul pouvait la mettre sur la voie d'un plan qui, échappant aux inconvénients et aux difficultés d'un choix individuel, s'imposât avec la consécration des suffrages accordées en même temps par des juges compétents et par l'opinion publique. Ce concours fut décidé dès le lendemain même de la procession séculaire. On en régla les conditions. On sait comment répondit l'Europe artistique à l'appel qui fut fait. Jamais, on peut le dire, une solennité de ce genre ne se présenta sur une plus large échelle et avec un plus grand éclat. Elle fut une gloire pour l'Œuvre qui l'avait appelée. Elle fut une gloire aussi pour notre cité, où, au milieu de son activité matérielle, vit d'une manière si énergique le sentiment de l'art.

Il nous paraît utile de rappeler quelques-unes des circonstances principales de ce remarquable concours dont il importe que le souvenir reste vivant au milieu de nous.

Après les divers délais que son importance avait rendus nécessaires, c'est le 12 mars 1856 que, les préparatifs étant achevés, et tous les plans étant exposés dans la vaste salle que M. le maire de Lille avait mise à la disposition de l'Œuvre, l'inauguration eut lieu en présence de M. le préfet [1], de M. le maire de la ville, de MM. les généraux commandant la division et le département, de MM. les doyens, de MM. les administrateurs des hospices de la ville de Lille, ainsi que des Dames patronesses de l'Œuvre.

[1] M. Besson.

Depuis ce moment, l'exposition ne cessa d'être visitée par une foule curieuse, appartenant à toutes les classes, et à laquelle se mêla un grand nombre d'artistes et d'étrangers de distinction, parmi lesquels il y a à citer MM. les délégués de la Société Ecclésiologiste de Londres.

Le 25 mars, une messe solennelle du Saint-Esprit était célébrée dans l'église Sainte-Catherine, afin d'attirer le secours de Dieu sur les opérations du jury [1]. L'image vénérée de Notre-Dame de la Treille était exposée dans le sanctuaire. Mgr l'archevêque de Cambrai officiait entouré de MM. les doyens de Lille. Les principales autorités de la ville avaient répondu à l'invitation de la Commission; on remarquait Mgr Malou, évêque de Bruges, que la réputation du concours avait attiré.

C'est le dimanche 13 avril qu'eut lieu, sous la présidence de M. le préfet du Nord, la séance mémorable où allaient être proclamés les lauréats du concours. Un rapport spécial, rendu public, en a retracé les diverses circonstances et nous dispense de les reproduire ici. Qu'il nous soit permis cependant de rappeler quelques-unes des paroles qui furent prononcées par M. de Contencin, président du jury, dont la mémoire, entourée de tant d'affections et de regrets au milieu de notre ville, reste spécialement associée à l'Œuvre que ses sentiments

---

[1] Le jury se composait de :
MM. de Contencin, directeur général des cultes ;
    de Caumont ;
    le R. P. Arthur Martin ;
    Didron ;
    Reichensperger ;
    Le Maistre d'Anstaing,
    Danjoy ;
    Questel.

chrétiens, ses goûts artistiques, ses fonctions élevées comme directeur général des cultes, et les liens étroits qui l'attachaient à notre cité, lui avaient fait adopter avec une sorte d'amour.

«   .   .   .   .

« Messieurs, dit-il, quand au moyen âge une popu-
» lation jetait les fondements d'un grand monument
» religieux, elle ne se demandait pas si elle verrait la
» fin de son entreprise. On n'était guère dans l'usage
» alors de préparer de longue main ce que nous appelons
» aujourd'hui les voies et moyens. Pour mener l'Œuvre
» à bon terme, on comptait sur le zèle des générations
» futures. Et, en effet, elles acceptaient toujours l'héritage
» avec ses charges, et ne manquaient pas de faire hon-
» neur au mandat de la foi. Plus heureux que nos pères
» vous pouvez espérer de voir s'élancer dans les airs
» les flèches du monument qui va sortir de terre. Notre
» siècle, que l'on entend parfois décrier, est meilleur
» que ne le disent ses détracteurs. Les bonnes œuvres
» abondent ; la religion et la charité enfantent des pro-
» diges : la Providence bénira vos efforts. Les vives
» sympathies qu'ils rencontrent, et dont nous trouvons la
» preuve dans l'empressement de vos honorables magistrats
» à venir présider la solennité qui nous réunit, disent assez
» ce qu'il faut attendre d'une population au sein de laquelle
» se manifeste un tel accord pour une telle entreprise.... »

Ici se place un de ces faits qui se sont offerts plus d'une fois dans l'histoire de notre Œuvre, et qui, apparaissant d'abord avec le caractère d'un échec et d'un obstacle, n'étaient que le moyen ménagé par la Providence pour assurer un succès plus complet.

Nous ne pouvons mieux faire, pour rappeler ce fait, les conséquences heureuses et les incidents remarquables qui s'y rattachent, que de reproduire l'extrait d'un compte-rendu présenté à l'assemblée générale des souscripteurs le 18 mai 1857.

« .... Et cependant, disait le rapport en parlant de la
» séance solennelle du 13 avril 1856 où les noms des
» lauréats du concours avaient été proclamés, et cepen-
» dant ce beau jour ne porta pas à l'instant même les
» fruits que l'on avait le droit d'attendre. Comme si Dieu
» avait voulu mettre l'épreuve sur notre chemin, du
» triomphe même naquit une difficulté nouvelle. Le plan
» couronné était sans doute d'un mérite incontestable ;
» il avait conquis les suffrages des juges les plus com-
» pétents. Mais, disons-le avec franchise, le nom du
» vainqueur avait produit une surprise gênante. C'est
» que le travail, admirable au point de vue de la science,
» n'avait pas obtenu le suffrage populaire qui supplée
» quelquefois au mérite, mais que, dans une œuvre
» comme la nôtre, rien ne peut remplacer. D'ailleurs
» l'auteur n'était ni français ni catholique. La foi et le
» patriotisme, qui en avaient conçu la pensée, répugnaient
» à en confier l'exécution à des mains protestantes et
» étrangères.
» La Commission partagea dès le premier abord le sen-
» timent public. Mais comment parvenir à le satisfaire ?
» Comment anéantir et surtout remplacer le résultat du
» concours ? L'effet si considérable qu'il avait produit
» aurait donc abouti à l'impuissance ? Dieu ne devait pas
» le permettre. La main qui éprouve sait aussi guérir,
» et voilà qu'au sein du jury se rencontre un saint prêtre,

» homme de science et de génie, qui, toute sa vie, avait
» aspiré à l'insigne honneur de consacrer son talent et
» ses vastes connaissances à élever un monument reli-
» gieux dans le style du treizième siècle. Le R. P. Arthur
» Martin avait analysé, comparé tous les projets soumis
» à l'examen du jury dont il faisait partie. Si le savant
» et l'archéologue avaient admiré, avaient décerné des cou-
» ronnes, l'artiste et surtout le chrétien n'avaient pas été
» pleinement satisfaits. Il s'empare des éléments placés
» sous sa main [1], et les coordonnant avec une merveil-
» leuse sagacité, en quelques mois, on pourrait presque
» dire en quelques jours, il a créé un chef-d'œuvre ; il
» a résumé toutes les beautés éparses en leur imprimant
» le cachet spécial de l'artiste et du religieux. Ses plans
» à peine achevés excitent l'enthousiasme ; il passe alors à
» l'exécution, et secondé par un architecte digne de le
» comprendre, il pourvoit à toutes les objections, écarte
» tous les obstacles, et bientôt (le 9 juin 1856), sur le
» sol même où doit germer sa grande pensée, il jette,
» avec des paroles pleines de feu et d'éloquence, la
» pierre initiale qui n'est plus, comme la première fois,
» la figure d'une réalité encore incertaine, l'emblème de
» l'avenir, mais la véritable fondation d'un monument qui
» se construit. Dès ce jour une armée d'ouvriers envahit
» le terrain, et le travail commence dans les entrailles de
» la terre pour ne s'arrêter qu'au sommet de la mon-
» tagne de pierre qui portera dans les nues la gloire de
» Lille unie à la gloire de Marie. »

[1] Par une inspiration de prudence, les conditions du programme du
concours avaient réservé à la commission de l'Œuvre un double droit. Elle
n'était pas tenue à l'exécution des plans couronnés, et elle restait absolument
libre du choix de l'architecte.

Deux mots et deux faits complètent cet épisode de l'histoire de notre OEuvre.

Après nous avoir mis en possession de toutes les études, plans et dessins, fruits précieux de ses travaux et de ses veilles, le R. P. Arthur Martin, près d'exécuter un voyage d'études et d'investigations archéologiques, nous avait dit : « Maintenant, si je meurs, vous avez entre les mains » tout ce qui est nécessaire pour la construction et l'achè- » vement de notre église. » Et quelques mois plus tard, comme si cette OEuvre de son génie avait marqué le terme de sa mission et de sa vie, on apprit que le digne religieux, l'éminent artiste, avait succombé, dans toute la vigueur de l'âge, victime de son oubli de soi-même, de ses habitudes d'austérité, et des ardeurs de son zèle scientifique.

Et dans le même temps, M. Henri Clutton, l'un des auteurs du projet qui avait obtenu le premier prix, entrait dans le sein de l'Eglise catholique, en proclamant que le travail qu'il avait consacré à la sainte Vierge avait fécondé les semences de vérité qui germaient dans son cœur.

Cette mort sainte de l'un, cette sainte conversion de l'autre, n'étaient-ce pas d'admirables prémisses à la construction de l'église de Notre-Dame de la Treille et Saint-Pierre ? n'y avait-il pas là comme une révélation et une promesse des bénédictions qui lui étaient réservées ?

Ces bénédictions ne lui ont pas manqué.

C'est pour les attirer plus sûrement que, dès le début des travaux, la commission de l'OEuvre, fidèle interprète du sentiment public qui avait hâte de trouver un sanctuaire consacré à la puissante patronne de Lille, regarda comme un devoir d'ériger sur les chantiers mêmes un lieu de prière, une chapelle provisoire, d'où chaque jour de puissantes supplications pussent s'élever vers le ciel.

Le 21 février 1857, la bénédiction de cette chapelle avait lieu par le ministère de M. l'abbé Lefebvre, archiprêtre, doyen-curé de Saint-Etienne. Desservie pendant quelques mois par le R. P. Desnoyers, religieux du Précieux-Sang, venu de Rome pour recueillir les documents nécessaires à l'introduction et à l'instruction de la cause de béatification du vénérable Benoît-Joseph Labre, la chapelle provisoire de Notre-Dame de la Treille avait à pourvoir bientôt à une destination plus large. C'est elle qui, selon le vœu exprimé par Mgr l'archevêque et comme pour répondre à des vues providentielles de miséricorde et de grâce pour notre ville, y devint le berceau de l'Œuvre des Rédemptoristes, dont la mission est surtout d'évangéliser les classes ouvrières. On sait le foyer d'action religieuse qui dès lors se manifesta dans l'humble sanctuaire, et qui, si depuis longtemps le besoin n'en avait pas été reconnu, eût suffi à constater l'impérieuse nécessité de réparer, en faveur des populations locales, deshéritées pendant tant d'années, les ruines religieuses qu'une époque de désastres avait faites sur ces lieux autrefois si pieusement dotés [1].

C'est vers la même époque que la Commission, confiante dans d'augustes promesses, sollicita et obtint, par l'intervention bienveillante du premier magistrat du département, une audience mémorable. Admise, au commencement de l'année 1857, en présence de l'Empereur, la Commission put déposer sous ses yeux les plans et dessins de l'église monumentale, et faire connaître à Sa Majesté la situation d'une Œuvre qu'elle avait favorablement accueillie dès son

[1] La belle église des Dominicains et l'église Saint-Etienne, située près de la place d'armes.

début. L'Empereur écouta avec une extrême bonté l'exposé de la Commission, examina et même discuta les plans avec le plus encourageant intérêt et donna des assurances d'une protection spéciale dont les effets ne tardèrent pas à se faire sentir. Outre les marques de sympathie obtenues de Leurs Excellences le ministre de l'intérieur et le ministre des cultes, bientôt un généreux don de 10,000 fr., prélevé sur la cassette de l'Empereur, plaça le nom de Sa Majesté à la tête des bienfaiteurs et des protecteurs de l'OEuvre. Et plus tard, l'autorisation d'une loterie, dont nous aurons à parler avec plus de détail lorsque nous aurons à rendre compte des *voies et moyens*, vint fournir à notre laborieuse entreprise de nouvelles et précieuses ressources.

Cependant l'action religieuse et l'activité du travail concouraient à lui imprimer la plus heureuse impulsion. Le 18 avril 1858, Mgr Régnier venait célébrer la sainte messe dans la chapelle provisoire et adressait à la nombreuse assistance qui la remplissait, une chaleureuse allocution [1] où Sa Grandeur énumérait tous les motifs qui justifiaient l'OEuvre, et en appelait la poursuite persévérante et le rapide achèvement. Et en même temps une partie considérable des vastes fondations de l'édifice était achevée ; et cet immense travail, accompli, dans un terrain difficile, avec hardiesse, prudence et simplicité de moyens, avait démenti les pronostics sinistres qui avaient annoncé d'effrayantes catastrophes. Et sur ces massifs solides qui plongent dans les entrailles de la terre, sur une hauteur de près de quatre mètres, s'élevaient déjà ces cryptes imposantes qui sont l'admiration de tous les visiteurs, et

[1] Le discours de Sa Grandeur se trouve reproduit aux *pièces à l'appui*, page 88.

qui, dans l'état avancé où elles étaient alors parvenues,
faisaient dire à Monseigneur : « Hâtez-vous de terminer
» cette belle crypte que je viens de visiter, et dès qu'un
» autel pourra y être convenablement placé, je viendrai
» avec empressement le consacrer. »

Parole encourageante qui nous montrait Dieu lui-même
voulant, dans un prochain avenir, faire acte de possession
de son temple, et ne dédaignant pas d'y venir abriter sa
grandeur et la puissance de ses bénédictions.

Les efforts redoublèrent. A l'entrée de l'année 1859, les
cryptes des cinq chapelles de l'abside et d'une partie du
chœur étaient entièrement achevées, non-seulement dans
leur construction principale, mais même dans les agence-
ments de détail. Toute cette partie, déjà considérable, de
l'édifice, égalant en étendue superficielle plus de 550 mètres
carrés, était close par une fermeture provisoire.

Le corps d'une église existait. Il fallait y mettre une
âme. Il fallait donner la vie à ces pierres froides et inani-
mées; il fallait remplir des grâces divines ces lieux vides
et impuissants où l'homme seul avait travaillé, et y ajouter
le travail de Dieu.

Le jour de cette grande et sublime transformation
était arrivé. Il avait été fixé au 4 juin 1859 et précédé,
à titre de préparation, d'un *triduo* à l'église Sainte-
Catherine.

Ici encore, qu'il nous soit permis de raviver de si doux
et si précieux souvenirs en reproduisant la partie d'un de
nos comptes-rendus annuels qui leur est consacrée.

« Le 4 juin, jour à jamais mémorable dans les fastes
» du nouveau temple, Mgr l'Archevêque se rendit proces-
» sionnellement dans la crypte, dont les voûtes élégantes

» et majestueuses auraient attiré tous les regards d'une
» foule trop nombreuse pour sa vaste enceinte, s'ils
» n'avaient été fixés sur cet autel encore vide, mais qui
» n'attendait que la parole et la consécration du Pontife
» pour recevoir son Dieu. Les gracieuses décorations, les
» fleurs, la verdure, les oriflammes répandaient sur les
» ateliers et les abords des travaux un air de fête qui se
» reflétait dans la ville; et la foule qui ne pouvait pénétrer
» dans la crypte, parcourait avec admiration ces chantiers
» transformés qui avaient déjà produit de si grandes choses.
» Après la consécration de l'autel, la messe fut célébrée
» par Monseigneur, au milieu du plus profond recueille-
» ment, en présence des représentants de toutes les classes,
» de toutes les conditions, réunis dans une même pensée.
» Bientôt l'éloquent apôtre [1] dont la voix, il y a cinq années,
» prédisait déjà ces merveilles, arrive avec peine jusqu'à
» la chaire improvisée; et là, dans un magnifique langage,
» il expose la valeur de la prière qui, pour la première
» fois, s'élève de ces voûtes maintenant consacrées jusques
» au trône de Dieu....

» Le lendemain, une cérémonie non moins auguste et
» touchante avait convoqué la ville entière. Elle n'avait
» plus pour limite les voûtes d'un temple. Un autel avait
» été dressé au sommet de toutes les constructions, au
» point même où s'élevera le maître-autel de la Basilique.
» Il dominait ainsi la place qui servait de chantier et les
» maisons voisines devenues comme le prolongement de la
» vaste enceinte, encore trop petite pour les flots de la
» population dont l'empressement pieux et l'affluence rap-
» pelaient les grandes scènes de la procession jubilaire.
» Mgr Haffreingue, le fondateur de la cathédrale de Bou-

[1] Le R. P. Lavigne.

» logne, qui, à lui seul, par son zèle et une persévérance
» de trente années, avait achevé cet édifice consacré aussi
» à la gloire de Marie, avait bien voulu présider cette
» imposante manifestation. C'était comme une représenta-
» tion vivante de ce que peuvent la foi et la confiance au
» service de l'amour de Dieu; et sa présence au milieu des
» premières assises du temple de Notre-Dame de la Treille
» était une éloquente prédication qui stimulait les fervents,
» ranimait les tièdes, et semblait à tous une nouvelle ga-
» rantie donnée par la Providence au succès de l'Œuvre.

» Quel magnifique spectacle! quelle scène digne de
» l'admiration des anges et des hommes! Lorsque le saint
» Sacrement, traversant les flots de la foule agenouillée,
» gravit lentement, au milieu des chants sacrés et de la
» musique guerrière, écho de nos combats lointains, la
» rampe qui, à travers les matériaux accumulés, condui-
» sait sur le sol même du chœur de la nouvelle église, et
» que, reposant sur l'autel paré de fleurs, n'ayant pour
» pavillon que la voûte du ciel, et pour cadre que des
» travaux interrompus, il bénit ce peuple innombrable,
» qui, sur les fondations, dans les chantiers, à toutes les
» fenêtres et jusque sur les toits, s'inclinait devant la
» majesté de Dieu. . . . . »

Constatons ici avec bonheur, comme nous avons déjà eu
précédemment l'occasion de le faire, que depuis cette
auguste cérémonie où l'autel de la crypte fut consacré,
pas un seul jour ne s'est passé sans que le saint sacrifice
y ait été offert. Fréquemment plusieurs messes ont été
célébrées le même jour par des ecclésiastiques de tout
rang et de tout ordre, par des évêques, des vicaires généraux, des religieux, des missionnaires.

Nous aurons à revenir, dans un chapitre spécial, sur ce mouvement religieux dont la chapelle de la crypte a été le foyer. Mais, quelle qu'en ait été l'expansion, il appelle un complément indispensable, aussi bien dans l'intérêt de l'Œuvre que pour donner leur nécessaire satisfaction aux besoins religieux de la partie de la population groupée autour de l'église qui s'élève. Cette population profitait avec bonheur et empressement, depuis quelques années, de la chapelle où les PP. Rédemptoristes l'évangélisaient avec tant de zèle. Mais les dignes religieux n'avaient là qu'un établissement insuffisant et temporaire. C'est sur un autre point de la ville, où leur action peut être plus utile encore, qu'ils ont eu à se transporter à titre définitif. Le bien qu'avait accompli leur ministère, le vide que laisse leur éloignement, aussi bien que l'état actuel de l'Œuvre de Notre-Dame de la Treille, proclament plus hautement que jamais la nécessité, reconnue depuis longtemps, de combler, par une organisation religieuse permanente, la lacune déplorable dont cette portion de la cité, placée à une distance éloignée de toute église paroissiale, a souffert depuis un si grand nombre d'années.

Cette situation se présente avec un caractère particulier d'intérêt et d'urgence au moment où l'agrandissement de la ville, entrant largement dans la voie de réalisation, rend pendante la question du remaniement des paroisses et en appelle la solution prochaine. D'une autre part, bien que l'Œuvre de Notre-Dame de la Treille et Saint-Pierre ne puisse encore, d'ici à plusieurs années, offrir à l'exercice du culte que des locaux provisoires, on peut dire qu'il y a là, dès à présent, et qu'il y aura là de plus en plus des conditions au moins aussi bonnes que celles à la faveur desquelles les paroisses nouvelles se constituent et s'élèvent au sein même de la capitale. Ainsi, c'est, dès ce moment, comme ressources existantes, l'ancienne chapelle des Rédemptoristes, où déjà s'était produit un mouvement religieux d'une si incontestable portée; c'est l'église souterraine où, par une heureuse exception, ni l'air ni le jour ne manquent, et dont la bonne appropriation peut être facilement complétée au moyen de calorifères qu'on est en projet d'établir pour l'usage de l'église supérieure.

Mais ce ne serait là encore qu'une situation toute temporaire et de courte durée. Elle aurait bientôt à s'améliorer. Que l'on suppose, en effet, ce qui ne saurait tarder, la chapelle de la Vierge couverte et achevée; que l'on suppose cette portion si considérable des fondations qui atteint, à une travée près, les futures constructions du transept, surmontée par les voûtes qu'attendent les massifs de maçonnerie déjà établis, on aura ainsi pour l'église supérieure une surface totale disponible de 1280 mètres carrés [1]; et si, les murs de l'édifice étant élevés à une hauteur suffisante, on renferme tout cet espace par une toiture provisoire faisant suite à la toiture définitive de la chapelle de la Vierge, et par une clôture fermant la partie antérieure, comment ne pas reconnaître qu'il y aura là disponible, dans un avenir peu éloigné, une vaste église rendue apte à remplir sa pieuse destination pour un temps indéterminé, en même temps que les travaux continués au dehors donneraient à l'Œuvre de Notre-Dame de la Treille et Saint-Pierre le développement qu'elle attend des efforts des hommes et du secours de Dieu.

Et comment douter de la puissance d'expansion qu'amè-

[1] Voir aux *pièces à l'appui*, page 99, les proportions de surface de la Crypte et des diverses églises de Lille.

nera là une organisation paroissiale? Comment douter de
ce que pourraient le zèle et le dévouement d'un pasteur
qui, comprenant la sainteté, la grandeur et l'importance de
cette Œuvre, y aurait donné son âme, son cœur et sa vie?
Comment douter qu'il ne se fît là des miracles de foi comme
en ont opéré ces hommes apostoliques dont la persévérance
et la piété ont su faire surgir de nos jours même, des monuments tels que Notre-Dame de Bon-Secours à Rouen,
Notre-Dame de Boulogne, et dont les noms [1] se trouvent
rattachés, par un lien spécial, vénérable et cher, à notre
Œuvre Lilloise.

Ajoutons, pour ne rien laisser dans l'oubli des ressources pratiques qu'elle aurait à sa disposition pour faciliter
ce grand bienfait d'une nouvelle existence paroissiale, que
rien ne serait à faire pour la pourvoir d'un presbytère et
du logement réservé aux vicaires ; que tout cela est prêt,
que tout cela existe, et que les trois maisons appartenant à
l'Œuvre dans la cour du Cirque et occupées en ce moment
par les fonctionnaires de l'administration des douanes, four-
niraient, pour ces besoins, des ressources aussi précieuses
que complètes.

Tel est le programme de l'avenir, que nous aimons à
montrer à nos généreux et fidèles souscripteurs à la fin de
cet exposé, où nous avons cherché à retracer les traits principaux de la protection providentielle, qui n'a pas manqué
un seul jour à l'Œuvre de réparation et d'avenir appelée,
nous en avons l'entière confiance, à exercer sur les destinées
de la ville de Lille la plus grande et la plus heureuse
influence, comme elle en fait revivre la grandeur passée
et les glorieuses traditions.

M. l'abbé Godefroy et Mgr Haffreingue.

Cette protection spéciale de Dieu, comment la nier, comment ne pas la voir aussi éclatante que le soleil? Aux critiques, aux craintes, aux accusations, et même aux saintes et légitimes impatiences, nous n'avons qu'un mot à répondre : Regardez et jugez! C'est de la campagne de 1857 que date l'origine des travaux sérieux et suivis. Mesurez leur importance, leurs difficultés, leur développement : voyez jusqu'où ils pénètrent dans les entrailles de la terre et jusqu'où ils s'élèvent déjà au-dessus du sol. Voyez ces colonnes maîtresses qui surgissent, qui se couronnent de leurs immenses chapiteaux, chefs-d'œuvre de sculpture; voyez ces autres colonnes qui, plus nombreuses, et se groupant de trois en trois, s'élancent si légères et si élégantes dans le pourtour de la chapelle de la Vierge et viennent rencontrer, elles aussi, leurs triples chapiteaux, taillés dans un même bloc dont la partie antérieure, si artistement ciselée, exprime l'élégance, tandis que la partie de derrière, destinée à faire partie intégrante des contreforts, exprime la solidité ; sorte d'emblème des deux qualités essentielles qui distinguent la construction de toutes les parties de l'édifice. Voyez ces cryptes magnifiques qui n'ont peut-être rien de comparable dans ce genre, et qui, à elles seules, sont une gloire dont l'art archéologique a droit de s'honorer. Et puis, au-dessus, voyez ces échafaudages qui montent, qui montent toujours, et qui vous annoncent que le temps approche où ce sanctuaire de la bien-aimée Patronne de Lille, que vous appelez de vos vœux ardents, sera livré aux désirs de votre piété filiale. Ah! ne soyez pas ingrats, nous ne dirons pas à l'égard de la Commission de l'OEuvre qui n'a à réclamer aucune reconnaissance, qui n'a à compter ni

ses efforts, ni ses labeurs. ni les sollicitudes, ni le
poids si lourd de ses anxiétés journalières. et qui est
heureuse de n'avoir à comprendre. à sentir, à expéri-
menter que son impuissance personnelle. Mais ne soyez
pas ingrats à l'égard de Dieu. qui a tout fait et qui
a fait beaucoup; qui a mis. son nom souverain à une
OEuvre d'où tout nom d'homme est absent, et qui tirera
de la toute-puissance de ce nom le commencement et
la fin.

Et pour donner à ces réflexions l'autorité qui leur
manque, que pouvons-nous mieux faire en terminant
cette première partie de notre rapport, que de reproduire les paroles en quelque sorte prophétiques qu'adressait aux souscripteurs réunis en assemblée générale, à
une époque déjà ancienne, le 25 mai 1855, Mgr Régnier
qui exposait ainsi les grandes considérations sur lesquelles s'appuie l'OEuvre de Notre-Dame de la Treille et
Saint-Pierre :

« La grande entreprise qui nous occupe s'accomplira-
» t-elle ? Pour le préjuger sûrement, il suffit de voir si elle
» vient de Dieu ou des hommes. Les grandes OEuvres catho-
» liques apparaissent sans nom d'auteur. Telle est la Propa-
» gation de la foi; telle est encore la Société de Saint-Vincent
» de Paul, récemment bénie avec tant d'effusion par le
» Saint-Père. Tout y est imprévu, sans calcul. Or la pensée
» de cette OEuvre a surgi inopinément : une parole sympa-
» thique est tombée de la chaire; elle a été accueillie avec
» empressement; elle a fait son chemin, sans qu'aucun
» puisse s'en attribuer l'honneur. Cette pensée vient donc
» de Dieu. Voilà pour l'origine de l'OEuvre.

» Son but n'est pas moins saint; c'est la gloire de Dieu,

» le bien de la religion, essentiellement, uniquement. On
» n'y voit pas le cachet de quelques individus, d'une
» classe, d'un parti; il s'agit de combler une lacune
» regrettable.

» On a fait cette remarque : Lille, célèbre par son antique
» dévouement à la sainte Vierge, est peut-être la seule
» ville importante qui n'ait pas d'église consacrée à la Mère
» de Dieu. Autrefois c'était une règle, et elle est encore en
» vigueur. Dans les villes et jusque dans les villages, s'il
» y avait plusieurs églises, il y en avait au moins une
» consacrée à la Mère de Dieu ; et lorsqu'il n'y en avait
» qu'une seule, il y avait au moins un autel pour Marie.
» Elle avait toujours sa place, la première après Dieu.
» Lille fait exception. N'y eût-il que cela, il y aurait pour
» l'OEuvre entreprise nécessité locale.

» Maintenant à un autre point de vue, c'est une nécessité
» impérieuse d'augmenter le nombre des églises.

» Ici, j'ai le droit de parler en juge; je déclare avec
» mon autorité de pasteur que les besoins religieux ne sont
» pas satisfaits. Dans cette ville d'ailleurs si pieuse et qui
» m'est si hospitalière, je ne dors pas tranquille ; ma
» conscience d'évêque est troublée, en pensant au dé-
» nûment spirituel de la population. Il faut multiplier les
» églises....

» D'ailleurs il faut reconnaître que Lille [1] est de beau-
» coup en arrière de ce qui se fait dans tant d'autres
» localités; elle en est encore exactement au même point
» qu'il y a cinquante ans, à l'époque du rétablissement du
» culte, tandis que partout ailleurs règne une généreuse
» émulation. Sans sortir du diocèse, nous voyons bien des
» villes s'imposer les plus grands sacrifices. (Sa Grandeur

[1] L'ancien Lille.

» cite ici Dunkerque, Valenciennes, Esquermes, Wa-
» zemmes, Fives.) Lille reçoit ainsi des exemples des
» localités moins importantes qui l'environnent : et
» cependant ses besoins sont plus grands que partout
» ailleurs.

» Il y a certitude entière que l'Œuvre est à la fois dans
» l'esprit de l'Eglise, dans l'esprit de la piété catholique,
» dans l'esprit du culte de la sainte Vierge; qu'elle est
» essentiellement dans les intérêts de la religion. Il est
» impossible qu'elle ne réussisse pas. Par quel moyen,
» nous l'ignorons..... La Providence fera surgir des res-
» sources inattendues.

« Il suffit d'ailleurs des prévisions les plus simples pour
» les apercevoir. Vous avez obtenu des fidèles des sommes
» importantes. Le Chef de l'Etat lui-même vous a promis
» son concours; les administrations locales ne vous man-
» queront pas, j'en ai la certitude : je puis dire que toutes
» les autorités accueillent votre projet. C'est pour le
» conseil municipal une affaire de temps; Notre-Dame
» de la Treille et Saint-Pierre entre dans les projets
» d'avenir de l'administration. Les difficultés inévitables
» dans toute entreprise de ce genre disparaîtront. Con-
» tinuez d'une manière ferme, persévérante, saintement
» tenace; vous pouvez être assurés du succès.

» Après tout, il ne s'agit plus de délibérer; il n'y a
» plus à hésiter. Cette première pierre, posée à la face
» du ciel, en présence des évêques de toutes les nations,
» des autorités et d'un grand concours d'habitants, attend
» et garantit l'achèvement; elle porte une inscription qui
» ne saurait être menteuse. Lille a pris un engagement
» d'honneur; elle n'y faillira pas. Confiance, courage,
» bonne volonté. Je m'unis à vous de toutes mes forces

» pour cette OEuvre, qui est non pas la vôtre, mais la
» nôtre, car en cela je me fais Lillois. Nous poursuivrons
» ensemble, nous continuerons suivant nos ressources.
» Nous réussirons certainement. Je parle comme pasteur ;
» je suis le plus intéressé dans la question, et j'ai donné à
» votre OEuvre mon assentiment le plus entier ; non-
» seulement je la bénis, mais je vous en remercie, car
» vous travaillez à ma décharge de premier pasteur de cette
» ville qui m'est chère. »

DEUXIÈME PARTIE

——⋘❀⋙——

Faits religieux se rattachant à la chapelle de la Crypte et à l'Œuvre en général.

Pour ne pas surcharger de détails le récit qui précède et qui retrace les principaux traits de l'histoire de notre Œuvre, il a paru convenable de réserver une place spéciale aux faits religieux qui constituent, pour ainsi dire sa vie intime et habituelle depuis le 4 juin 1859, jour de la consécration de l'autel de la crypte.

C'est d'abord à cet autel qu'est célébrée tous les samedis, à huit heures, la messe de fondation qui est dite pour les bienfaiteurs de l'Œuvre, vivants et décédés.

Mais, ainsi qu'on l'a dit précédemment, c'est chaque jour et souvent plusieurs fois par jour, que le saint sacrifice y a été offert par des prélats et des ecclésiastiques de tout ordre et de tout rang. Le nombre des messes célébrées depuis la consécration de la chapelle de la crypte peut être évalué à plus de 2,000.

On peut dire avec vérité qu'il n'est pas un ecclésiastique étranger, traversant notre ville à laquelle appartient le titre

3

glorieux de *Cité de la Vierge*, qui ne soit pressé de venir lui rendre hommage dans cette basilique naissante consacrée à sa gloire.

Parmi les nombreux pèlerins qui sont venus la visiter se trouvent :

Mgr Amat, lazariste, évêque de Monterey et Los Angelos (Californie) ;

Mgr de Ségur, prélat de la maison du Pape, chanoine-évêque du chapitre impérial de Saint-Denis ;

Mgr Walter Steens, évêque de Nilopolis, vicaire apostolique de Bombay ;

Mgr Mouly, lazariste, vicaire apostolique du Pé-tché-ly septentrional (Pékin) ;

Mgr Haffreingue, pronotaire apostolique, promoteur de l'érection de Notre-Dame de Boulogne ;

Mgr Delebecque, évêque de Gand ;

Mgr Parisis, évêque d'Arras ;

Mgr Dherbomez, oblat de Marie Immaculée, évêque de Saint-Boniface (Amérique) ;

Mgr Desprez, archevêque de Toulouse ;

Mgr de Charbonnel, capucin, évêque démissionnaire de Toronto (Haut-Canada).

Le Révérendissime Maître général des Carmes ;

Le R. P. Etienne, supérieur général des Lazaristes et des Filles de la Charité ;

Le R. P. Jouen, jésuite, préfet apostolique de Madagascar ;

Le R. P. Saint-Cyr, jésuite, missionnaire apostolique au Maduré ;

Le R. P. Fessard, provincial des Jésuites (province de Paris) ;

Le R. P. Aimé, provincial des Carmes (province de Belgique);

Le R. P. Lavigne;

L'abbé Cambalot, missionnaire apostolique;

L'abbé Bourgade, missionnaire apostolique;

L'abbé Rabotin, supérieur du petit séminaire de Meaux;

L'abbé Godefroy, directeur au petit séminaire d'Orléans;

L'abbé Murlay, missionnaire apostolique en Australie;

Les RR. PP. Minjard, Souaillard, Chauvenet, Vanaert,... des Frères prêcheurs;

Les RR. PP. Marie-Bernard, Hippolyte, Elisée, Théodore, Henri des Anges,... des Carmes déchaussés;

Les RR. PP. Camille, Daubresse,... des Capucins;

MM. Maréchal, supérieur du séminaire d'Issy, Lebas, directeur du grand séminaire d'Angers,... prêtres de Saint-Sulpice;

Les RR. PP. Faure, Bliard,... de la Société de Marie;

MM. Girard, supérieur du grand séminaire de Meaux. Périn, ancien missionnaire au Chili, Dufaux, Bel, Michaut, Dufour,... des Lazaristes;

Les RR. PP. Dhalluin, Gillet,... des Oblats de Marie Immaculée;

Les RR. RR. de Ponlevoy, Corail, Chervaux, Dufour d'Astafort,... des Jésuites; et beaucoup d'autres personnages distingués: tous, évêques, missionnaires, religieux, vinrent placer sous la protection de Notre-Dame de la Treille les travaux apostoliques qui remplissent leur vie.

C'est qu'il y a dans cette OEuvre de Notre-Dame de la Treille et Saint-Pierre, dont l'esprit de foi a été le principe, dont il est le développement et dont il sera le couronnement et le fruit, une puissance secrète et féconde qui, en même temps, attire et produit.

Combien n'en trouverions-nous pas autour de nous de traces significatives dans ces œuvres nombreuses, dans ces chapelles qui s'élèvent, dans ces restaurations et ces agrandissements d'églises, dans cette expansion des communautés religieuses qui semblent trouver leur point de départ et leur excitation dans le grand acte de foi dont l'accomplissement sera le salut et la gloire de notre ville.

N'est-ce pas à lui encore qu'il est permis d'attribuer cette végétation de zèle qui, après une sorte de stérilité prolongée, nous a montré, en quatre ans, sept enfants de nos contrées, allant comme missionnaires, évangéliser les peuples infidèles ? Tous ont daté du sanctuaire de Notre-Dame de la Treille et Saint-Pierre l'abandon qu'ils faisaient d'eux-mêmes pour le salut des nations *ensevelies dans les ombres de la mort.*

Et comment ne signalerions-nous pas, avec de particulières actions de grâces, deux d'entre eux, nos compatriotes, M. l'abbé Gennevoise et M. l'abbé Cambier, qui, placés en face des plus grands périls, menacés par l'incendie et le naufrage, au moment de toucher les côtes de la Chine, ont reconnu la protection spéciale de Notre-Dame de la Treille, dont ils avaient invoqué le secours.

On lira avec intérêt l'extrait d'une lettre qu'écrivait, à cette occasion, l'un des deux [1], et où il épanchait les effusions de sa reconnaissance et de sa piété filiale pour sa sainte patronne.

« Je vous l'assure, jamais je n'avais vu la mort d'aussi » près. A chaque instant nous pouvions être engloutis.

[1] M. l'abbé Gennevoise.

» Après Dieu, c'est à la sainte Vierge, à la Vierge de
» Lille, à Notre-Dame de la Treille, que je dois mon
» salut. Avant de partir pour les missions, j'allai à son
» autel la prier de me continuer sa protection maternelle
» dont j'avais déjà ressenti si efficacement les effets pen-
» dant mes pèlerinages à Rome et à Jérusalem. A elle avait
» été ma première messe à Lille, à elle fut ma dernière.
» Au moment de tout quitter, je lui abandonnai tout ; et
» confiant tout à sa garde, je lui demandai de faire du
» plus indigne de ses enfants un saint et dévoué mission-
» naire, j'osai même dire un martyr ! Je la priai de me
» bénir à jamais pour le temps et pour l'éternité. Elle a
» entendu ma prière, et au jour du danger elle s'est sou-
» venue de son enfant. Oui, c'est à elle que je dois tout.
» C'est elle qui nous a sauvés de l'explosion du navire,
» de la fureur de la tempête, des tortures de la faim et
» de la soif, des ardeurs mortelles du soleil des tropiques
» et de la cruauté des pirates.

» Aussi je désire qu'un *ex-voto* soit placé dans le
» sanctuaire de Notre-Dame de la Treille, et qu'il porte
» avec mon nom et celui de mes confrères, la date du
» jour du naufrage et de l'incendie, 24 *juillet* 1862. »

On pourrait déjà citer bien des faits de cette nature.
Mais il faut laisser dans le secret de Dieu ces scènes intimes
où les prières, les sanglots, les pleurs répandus en sa
présence, sous les voûtes solitaires de l'église naissante,
venaient révéler ce que ces lieux consacrés à la douce
Patronne de Lille ont déjà de puissance pour consoler,
fortifier et transformer les âmes.

Au milieu des solennités diverses et accidentelles que
la chapelle de la crypte a vues s'accomplir, et parmi les-

quelles il faut rappeler, avec un témoignage particulier de reconnaissance et de vénération, les services funèbres célébrés à l'intention de Mgr Dufêtre, évêque de Nevers, et de Mgr de Garsignies, évêque de Soissons, qui, l'un et l'autre, avaient dès le début encouragé et fortifié notre OEuvre, nous devons signaler une solennité plus fondamentale, se rattachant par un lien spécial à l'OEuvre et destinée à se reproduire chaque année.

L'église placée sous le vocable de Notre-Dame de la Treille et de *Saint-Pierre* ne pouvait pas laisser passer la fête du prince des apôtres sans apporter son tribut de pieux hommages. La solennité qui a été instituée dans cette intention, rappelle en même temps que les antiques traditions de la collégiale, la consécration de l'autel de la chapelle de la crypte et les grands souvenirs de notre Jubilé. Elle est ainsi comme l'anneau intermédiaire de la chaîne des temps et le lien qui rétablit dans sa séculaire unité l'histoire religieuse de notre ville. Ce caractère ne pouvait échapper au sentiment public. Aussi le *Triduo* qui précède la fête et la neuvaine de pèlerinages qui la suit, sont-ils marqués chaque année par l'empressement populaire qui y retrouve le reflet de la *Festivité* d'autrefois et comme une aurore de celle que nous réserve l'avenir [1].

---

[1] Les *Triduo* de 1860, 61, 62 et 63 ont eu :

Celui de 1860 — pour prédicateur, M. l'abbé Duvilliers, alors aumônier de l'Hospice général, actuellement curé d'Haspres; — pour officiant, M. l'abbé Aernout, doyen-curé de Sainte-Catherine.

Celui de 1861 — pour prédicateur, le R. P. Hippolyte, carme déchaussé du couvent de St-Omer; — pour officiant, M. l'abbé Bernard, vicaire général.

Celui de 1862 — pour prédicateur, le R. P. Chervaux, de la Compagnie de Jésus; — pour officiant, M. le doyen de Sainte-Catherine.

Celui de 1863 — pour prédicateur, le R. P. Théodore, carme déchaussé; — pour officiant, M. l'abbé Bernard, vicaire général.

C'est pour consacrer ces souvenirs et féconder ces espérances que le Saint-Père, par un bref en date du 23 mars 1861, a accordé une indulgence plénière qui peut être gagnée depuis le samedi qui précède le dernier dimanche de juin jusqu'au lundi inclusivement qui suit le premier dimanche de juillet, par les fidèles qui, accomplissant les conditions ordinaires, visitent l'église de Notre-Dame de la Treille et Saint-Pierre.

Ce n'est pas à cette seule faveur spirituelle que s'est bornée la munificence du souverain pontife. Et nous laisserions ici une lacune qui accuserait notre reconnaissance, si nous ne rappelions pas les bénédictions réitérées et les témoignages particuliers de sympathie que Sa Sainteté s'est plu à répandre sur une OEuvre dont elle signalait ainsi l'importance et la nécessité. Nous avons déjà cité la lettre de Pie IX au cardinal Giraud, datée de Gaëte. Dès l'année 1857, alors même que les fondements de l'église de Notre-Dame de la Treille étaient à peine jetés, et qu'une portion de la crypte seulement était achevée, un bref du 29 avril accordait une indulgence plénière, une fois l'an, le jour au choix des fidèles, à tous ceux qui, dans les conditions requises, visiteraient l'église nouvelle et y prieraient aux intentions ordinaires.

Et en 1860, dans cette année où les flots de la tribulation viennent inonder l'âme du vénéré pontife, il a encore une pensée pour l'OEuvre à laquelle il s'était uni par un si tendre intérêt et il lui accorde de nouvelles faveurs.

Récapitulons ici les grâces divines qui, dans un si court espace de temps, ont été répandues avec profusion sur une OEuvre dont elles signalent la place privilégiée dans le cœur du Père commun des fidèles.

1857. — 29 avril. — Bref accordant une indulgence

plénière aux conditions qui ont été indiquées ci-dessus.

1860. — 8 mai. — Bref concédant aux fidèles, sous les conditions ordinaires :

1° Une indulgence plénière aux jours de fête suivants :

Saint Pierre, apôtre, 29 juin.

La Chaire de saint Pierre à Rome, 18 janvier.

Les Basiliques de saint Pierre et saint Paul, 18 novembre;

2° Une indulgence de sept ans et de sept quarantaines aux jours suivants :

Le dimanche dans l'Octave de l'Ascension, en mémoire de la consécration du premier autel de la crypte faite le 4 juin 1859, veille du dimanche dans l'octave de l'Ascension.

Saint Vincent Ferrier, 5 avril.

Saint Bernard, 20 août.

Saint Louis, roi de France, 25 août.

Saint Thomas de Cantorbéry, 29 décembre.

Le Saint-Père ravivait ainsi les grands souvenirs qui se rattachent à cette insigne collégiale de Saint-Pierre où tant d'illustres personnages étaient venus s'agenouiller devant la statue miraculeuse de Notre-Dame de la Treille.

1861. — 23 mars. — Bref confirmé le 23 juillet suivant accordant :

1° Une indulgence plénière aux jours suivants :

Saint Joseph, époux de la sainte Vierge, 19 mars.

Patronage de saint Joseph, troisième dimanche après Pâques.

Notre-Dame de la Treille et Saint-Pierre; cette indulgence peut être gagnée, comme il a été dit plus haut, depuis le samedi qui précède le dernier dimanche de juin jusqu'au lundi inclusivement, qui suit le premier dimanche de juillet.

2° Un indulgence de 300 jours qui peut être gagnée *tous les jours de l'année*, par ceux qui visiteront l'église de Notre-Dame de la Treille et Saint-Pierre et y prieront aux fins ordinaires.

A ces richesses spirituelles qui ont été faites à l'OEuvre par la générosité du souverain Pontife, il faut ajouter les reliques et les objets précieux qui ont contribué au pieux trésor de l'église naissante et qui sont un nouveau témoignage de sa renommée catholique.

D'une part, sur les sollicitations des deux compatriotes dont nous avons eu précédemment à citer les noms, M. l'abbé Gennevoise et M. l'abbé Cambier, pèlerins de terre sainte en 1860, Mgr Valerga, patriarche de Jérusalem, et le révérendissime Custode des Lieux-Saints de Terre-Sainte ont fait l'envoi :

Le premier : de reliques du Calvaire et de la Crèche [1] ;

Le second : d'un lampe qui, pendant plusieurs siècles, a brûlé sur le tombeau de Notre-Seigneur dans l'église du Saint-Sépulcre et qui est destinée au calvaire dont l'érection doit avoir lieu dans une des chapelles de la crypte. Pour se faire une idée du prix qui s'attache à cette lampe, il faut savoir que les souverains seuls en ont obtenu de semblables et dans de rares circonstances.

D'une autre part Mgr de Mazenod, évêque de Marseille, a fait don avant sa mort, à notre basilique, d'une parcelle des ossements de saint Louis, l'une des plus considérables qui soit maintenant en France. Ces précieuses reliques nous ont été obtenues par la chaleureuse entremise du R. P. Souaillard, prédicateur du Jubilé séculaire, qui se

[1] Nous donnons aux *pièces à l'appui*, page 91, la lettre d'envoi adressée par Mgr Valerga, à la Commission centrale de l'(Euvre.

trouve uni par tant de liens de reconnaissance et de respectueuse sympathie à notre cité qu'il a plusieurs fois évangilisée et à notre Œuvre qu'il a toujours aimée.

A ces reliques vénérables s'en ajoutent d'autres non moins précieuses,

En 1862, le 18 octobre, Mgr Delebecque, évêque de Gand, l'un des prélats qui ont assisté au Jubilé séculaire, faisait don à l'église de Notre-Dame de la Treille et Saint-Pierre d'un fragment considérable de la vraie Croix; et M. l'abbé Bernard, vicaire général de Cambrai, archidiacre de Lille, faisait enchâsser dans un même et riche reliquaire, avec ce fragment de la vraie Croix, une parcelle de la Sainte Couronne d'épines. Cette dernière et précieuse parcelle avait appartenu à Mgr de Quélen, archevêque de Paris. Elle avait été détachée de la Sainte Couronne en 1806, lorsque Son Éminence le cardinal de Belloy, l'un des prédécesseurs de Mgr de Quélen, reconnut solennellement l'authenticité de cette insigne relique.

Enfin différentes reliques ont été données par M. l'abbé Bernard, à son retour de Rome où il avait accompagné Mgr Régnier pour la solennité de la canonisation des martyrs du Japon, en juin 1862. Ces reliques sont d'autant plus précieuses pour notre église qu'elles rappellent à notre culte les quatre saints qui sont venus vénérer Notre-Dame de la Treille et qui auront leur chapelle dans l'abside à droite et à gauche de celle de la Sainte Vierge : saint Thomas de Cantorbéry, saint Louis, roi de France, saint Vincent Ferrier et saint Bernard.

Il nous reste enfin à signaler celles de saint François de Sales, de saint Vincent de Paul et un linge devenu précieux par les taches de rouille qu'il a reçues de son contact avec les chaînes de saint Pierre apôtre.

Pendant que divers prélats nous accordaient ainsi, avec les reliques des saints, les encouragements les plus consolants et les bénédictions les plus précieuses, l'Œuvre de Notre-Dame de la Treille et Saint-Pierre recevait un autre hommage, écho de ce mouvement qui, lors du concours de 1856, avait si profondément remué le monde archéologique et produit une manifestation peut-être sans précédent dans ses annales. Au mois de septembre 1861, il nous été adressé de Rome, pour la future basilique, des chants sacrés dont la valeur exceptionnelle se révèle par le nom du compositeur éminent qui s'était plu à les produire. Salvator Meluzzi, le célèbre maître de chapelle de la Basilique Patriarchale de Saint-Pierre du Vatican, nous faisait parvenir deux morceaux à grand effet (un *Sub tuum* et un *Tu es Petrus*), composés à quatre parties pour un chœur de voix sans accompagnement. Ces compositions ont été écrites tout spécialement pour l'église de Notre-Dame de la Treille et Saint-Pierre, et dans la pensée d'ajouter un lien nouveau à l'antiquité du lien qui unit Saint-Pierre de Lille à Saint-Pierre de Rome, le Maëstro tint à dater sa partition du jour même de la fête de saint Pierre : *Rome* 1861.

Terminons cet exposé par quelques mots relatifs à la destination pieuse des cryptes.

Nous n'avons pas à revenir sur leur valeur au point de vue de l'art. Elle a fait comprendre qu'enfin notre cité sera illustrée par un monument de premier ordre, digne des gloires de son passé et de la grandeur future à laquelle elle est appelée.

Ces cryptes, il faut le dire, n'étaient pas entrées dans le plan primitif de l'Œuvre. Elles sont nées de la nécessité où l'on se trouvait de faire descendre les fondations à une grande profondeur par suite de la nature du terrain. Et comment ne verrions-nous pas là un de ces faits providentiels dont l'histoire de notre Œuvre est pleine? Outre l'éclat précoce qu'elles ont jeté sur le mérite artistique de notre Œuvre, outre les ressources qu'elles auront à lui procurer et dont nous parlerons tout à l'heure, c'est par ces cryptes que l'esprit de prière a pris possession plus tôt de l'église naissante et est venue donner à notre Œuvre une nouvelle puissance de fécondation et de développement.

L'autel, où chaque jour la Victime sainte est immolée, est consacré à saint Joseph. Ce patronage était naturellement appelé. Au-dessus de cet autel, dans la partie supérieure, se trouvera l'autel de la Vierge, de Notre-Dame de la Treille. Il convenait de rapprocher ainsi l'époux de l'épouse : l'épouse dans la place glorieuse qui lui appartient à tant de titres et spécialement comme patronne de notre cité; l'époux sous les ombres de la crypte, dans une place en quelque sorte symbolique de l'humilité qui fut sa vertu caractéristique et de prédilection.

Puis la ville de Lille est la ville des ouvriers : et la protection de saint Joseph, ouvrier lui-même, patron et modèle des ouvriers, peut-elle y être trop invoquée?

Ce n'est pas tout : saint Joseph est le patron de la bonne mort, et la crypte est le lieu des souvenirs funèbres. C'est là que, nous l'avons dit précédemment, sera érigé un calvaire; c'est là que se trouve placée la pierre tumulaire authentique et admirablement restaurée de Jean Levasseur, ancien mayeur de Lille [1], celui qui dédia solennellement, le 28 octobre 1634, la ville de Lille à Notre-Dame de la Treille; et c'est là aussi qu'à côté de cette pierre, d'autres pierres

[1] Voir aux *pièces à l'appui*, page 135, la notice relative à cette pierre et à Jean Levasseur.

seront placées comme témoignage de la reconnaissance
publique à l'égard des bienfaiteurs insignes de l'Œuvre ;
c'est là enfin, que la Commission voulant répondre aux vœux
et à la piété des familles chrétiennes, a accueilli la pensée
de concessions qui leur seraient faites et qui leur permet-
traient de consacrer, par des pierres funèbres, la mémoire de leurs membres décédés. Nous dirons dans une
autre partie de ce travail les conditions attachées à ces
concessions dont le nombre s'est déjà accru. Nous dirons
les ressources qu'en peut retirer l'Œuvre. Bornons-nous
à faire ressortir en ce moment ce que ces pierres, disposées
avec art et méthode sur toute l'étendue des parois de la
crypte, ajouteront à son ornementation et au caractère
grave et imposant qui lui est propre. Ne parlons en ce
moment que de tout ce que ces lieux par leur destination,
par leur genre austère de décoration, par tous les sentiments qui auront à s'y produire et à s'y inspirer, viendront
apporter d'aliments à la piété. Ce sera là sans doute le lieu
des larmes, mais ce sera aussi le lieu des espérances et
des bénédictions.

TROISIÈME PARTIE

---◦◦⟨☙⟩◦◦---

Voies et moyens.

Après avoir consacré une partie déjà considérable, mais peut-être insuffisante encore, de ce compte-rendu à retracer l'histoire de notre OEuvre dans son aspect général et dans sa portée morale et religieuse, nous avons maintenant à aborder l'examen de ses conditions matérielles, de ses ressources, de ce qu'on appelle les *voies et moyens.*

C'est là sans doute le côté où ont à s'attacher particulièrement les labeurs incessants, journaliers de ceux entre les mains de qui se trouve remise l'administration de l'OEuvre. Mais c'est là aussi que se montre d'une manière plus sensible l'action de la Providence.

Combien ne s'est-elle pas manifestée tout d'abord dans cette large souscription qui s'est grossie si vite et qui atteignant en peu de temps des proportions inaccoutumées, a consacré à jamais l'amour et la générosité de la ville de Lille pour sa bien-aimée Patronne; souscription qui, pour les dix années écoulées, s'élève au chiffre total de 466,765 fr. 40 c.

Mais ce n'est pas là que se sont arrêtés les généreux concours : ils se sont produits successivement sous des formes diverses.

Aux souscriptions sont venus se joindre les dons. En y comprenant celui de l'Empereur, le chiffre des dons a été de 105,061 fr. 36 c.

Quel touchant intérêt présenterait l'histoire de ces dons s'il était possible d'en pénétrer les pieux mystères! que de nobles sentiments en ont été l'inspiration et la source! que de saints regrets, que de vœux méritoires, quelle foi vive, quelle filiale confiance en Celle dont la maternelle protection s'étend si puissante sur notre ville! Et en même temps que de grâces obtenues, que de prières accueillies, que d'épreuves consolées! Ce trésor, ce qui l'a grossi, ce sont toutes les joies et toutes les tristesses chrétiennes; ce sont la mère, l'épouse, la veuve, la vierge, le soldat, le prêtre, l'homme public, le père de famille, tous ceux qui ont un cœur pour croire, aimer et espérer, venant déposer, avec l'offrande, image du sacrifice, aux pieds de Celle qui est toute espérance et tout amour, leurs sollicitudes, leurs consolations, leurs travaux, leurs souffrances, leur généreuse résignation, leurs dévouements.

Une ressource analogue est venue s'ajouter aux ressources qui précèdent : c'est le produit des troncs, des quêtes, des sermons de charité. Il a atteint le chiffre de 14,736 fr. 80 c. La Commission a le devoir de placer ici un témoignage particulier de reconnaissance. Il s'adresse aux dignes ecclésiastiques qui ont apporté à l'Œuvre, qu'ils ont mieux fait connaître et aimer, le don précieux de leur éloquence et de leur foi.

Et c'est ainsi que les tributs du zèle se multipliant et se propageant, la Commission a pu réaliser, avec un succès

inespéré, une pensée dont, elle a lieu de l'espérer, la
fécondité n'est pas encore épuisée.

Nous voulons parler des *titres de fondation*.

Ces titres, créés avec l'autorisation de l'autorité ecclésiastique, pour faciliter à toutes les familles le moyen de
s'associer à l'OEuvre de Notre-Dame de la Treille et Saint-
Pierre, et pour être en même temps un témoignage durable du concours qu'elles auront apporté, ont été une
manifestation nouvelle de la faveur populaire qui s'attache
à cette OEuvre. La diffusion des titres de fondation dans
toutes les classes, et notamment dans les classes les moins
aisées, a donné des preuves multipliées de cette expansion de sympathies. Là encore, que de générosités inattendues et touchantes de la part même de ceux à qui les
générosités sont le moins possibles ! Au milieu de nombreux
exemples, qu'il nous suffise de citer celui de ces pauvres
et dignes ouvriers qui sollicitent, comme une faveur, d'être
admis à obtenir un titre de fondation de la première catégorie, se promettant d'en compléter successivement le prix
par des retenues sur le salaire de la semaine.

On sait, en effet, que les *titres de fondation* ont été
partagés en quatre catégories qui impliquent des dons de
100 francs, 25 francs, 5 francs et 1 franc 50 centimes.
Tout porteur de titre devient fondateur de l'église de Notre-
Dame de la Treille et Saint-Pierre et participe au bénéfice
spirituel de la messe célébrée chaque samedi, à perpétuité,
à l'intention des fondateurs [1].

Ici encore la Commission ne saurait omettre l'hommage

---

[1] Nous reproduisons aux *pièces à l'appui*, page 93, une notice qui a été
publiée par les soins de la Commission, sur les *titres de fondation*, et qui
en spécifie les conditions et les avantages. Nous désirons vivement que nos
lecteurs en prennent connaissance.

de sa gratitude. Si, en effet, les titres de fondation ont dû une grande partie de leur faveur populaire au mérite d'exécution qui les distingue et qui a su reproduire, avec une si grande habileté de crayon, la vue perspective de la chapelle de Notre-Dame de la Treille, nous ne devons pas oublier que c'est au concours désintéressé de M. Leroy, architecte de l'église, que cet élément de succès est dû. La Commission a pu l'apprécier d'autant plus que, s'étant adressée à un artiste renommé de la capitale, ses démarches n'avaient abouti qu'à un travail incomplet et dénué d'intérêt.

Ajoutons que la valeur artistique des *titres de fondation* et la fidèle représentation du sanctuaire de la Vierge étaient d'autant plus utiles que ces titres sont destinés à se répandre en dehors de nos contrées, et à correspondre à cet intérêt général qui a accueilli dans les diverses parties du monde catholique l'Œuvre à laquelle il est donné d'y raviver le culte traditionnel de Notre-Dame de la Treille.

Ce culte n'est pas, en effet, renfermé dans notre ville. C'est de tous les points que venaient autrefois et que reviendront dans l'avenir les hommages à notre sainte Patronne; et l'on ne doit pas oublier que la reine d'Espagne, comme témoignage de sa piété envers Elle, s'était fait représenter par un ambassadeur [1] à la solennité mémorable de 1854. C'est qu'en effet, ainsi que le rappelle le P. Vincart dans l'histoire qu'il a consacrée à Notre-Dame de la Treille, et dont la Commission a jugé utile de faire tirer une édition nouvelle, l'Espagne, l'Italie, l'Allemagne travaillaient avec la France à la gloire de la Vierge dont la

[1] E. Sancho, chargé d'affaires d'Espagne en Belgique. Voir aux *pièces à l'appui*, page 87, la lettre qu'il a écrite à la Commission de l'Œuvre.

puissance, connue partout, lui attirait de tous les points du monde, des hommages solennels.

Et plus près de nous, que de villes et de personnes notables venaient s'associer à ces hommages! C'étaient, entre autres, la ville de Douai et son université, la ville d'Aire en Artois, ainsi que toute la principale noblesse du pays, la ville de Tournay qui était représentée chaque année par un pèlerinage dont l'usage s'est ravivé dans ces derniers temps, la ville d'Armentières dont le clergé était également dans l'habitude de faire un pèlerinage annuel à Notre-Dame de la Treille.

Et s'il arrivait qu'un jour dans ce vaste trésor d'espérances chrétiennes que contient l'avenir, la basilique qui s'élève fût destinée à devenir une cathédrale et à compléter les grandeurs de la ville de Lille par un siége épiscopal, la construction de l'église Notre-Dame de la Treille et Saint-Pierre n'intéresserait-elle pas d'une manière directe toute la partie du diocèse dont elle deviendrait la centre religieux, et n'y a-t-il pas là encore à attendre des éléments de sympathie et de concours que les *titres de fondation* sont destinés à féconder?

Ces considérations peuvent faire comprendre le caractère et la portée des *titres de fondation* : elles expliquent le succès qui leur a été fait. Il se traduit dans les chiffres suivants :

La recette totale obtenue de ce chef s'élève jusqu'ici à la somme de. . . . . 67,335 fr. 20 c.
La dépense a été de . . . . . . 11,890 fr. 98 c.

La différence ressortissant comme ressource de l'Œuvre est de . . . . . 55,444 fr. 22 c.

Il reste en outre entre les mains de la Commission un

nombre assez considérable d'exemplaires des diverses catégories qui trouveront successivement leur utile et fructueux placement.

A ces œuvres laborieuses, poursuivies par la Commission pour propager l'Œuvre et subvenir à ses besoins financiers, en a succédé une plus laborieuse encore, celle de la loterie.

Plus de deux années remplies par d'immenses travaux, par une correspondance journalière et étendue, par une organisation difficile, par les soins d'une comptabilité minutieuse, ont été nécessaires pour faire aboutir cette rude et pénible entreprise, qui, par sa nature et son mode d'action, restait avec toute sa sécheresse, toute son aridité, tous ses ennuis et toutes ses fatigues, pour ceux qui s'y sont dévoués avec le plus entier et le plus méritoire dévouement.

S'il est des noms que, à cette occasion, nous ayons à ne pas faire connaître parce qu'ils appartiennent à la Commission, il nous est impossible toutefois de ne pas rendre un haut et éclatant hommage à M. Rigal-Mallebrancq qui a accepté la lourde tâche de la direction matérielle de la loterie : direction hérissée de détails et de soins dont il est difficile de se faire une idée, lorsqu'on n'a pas mis la main à ces opérations difficiles et compliquées.

Ajoutons que, grâce à cette direction à laquelle présidait un membre délégué de la Commission et au zèle qui, de la part d'un grand nombre, a multiplié les efforts, la loterie, malgré la sphère étroite dans laquelle elle était renfermée, puisqu'elle était seulement départementale, a abouti à un résultat dont, malgré quelques déceptions, il y a lieu de s'applaudir.

Outre la somme de 167,114 fr. 75 cent. net qu'elle
a produite et qui a été appliquée à couvrir le prix d'acquisition du terrain, sur lequel il ne reste plus aujour-
d'hui à solder qu'une somme de 60,000 fr., la loterie
aura eu aussi sa part comme moyen de propagande.

Comme témoignage complémentaire de la direction habile
qui a présidé à cette œuvre, il nous importe de constater que, contrairement à ce qui se passe d'habitude, le
tirage de la loterie a eu lieu à l'époque primitivement
fixée, sauf un retard de quelques semaines nécessaires
pour apurer la comptabilité des dépôts.

Enfin, une autre et dernière ressource, plus conforme à l'esprit de notre Œuvre et de nature, nous l'espérons, à être accueillie avec une faveur particulière par
le sentiment public, a trouvé dans les dernières années
de la période dont nous faisons l'histoire, un commencement de réalisation.

Il s'agit des *pierres commémoratives* dont nous avons
déjà indiqué la pensée et la destination dans la deuxième
partie de ce travail (*page 44*).

Nous donnons ci-après, dans les *pièces à l'appui*, le
programme des conditions relatives aux concessions [1].

Là, comme pour les *titres de fondation*, diverses catégories existent de manière à rendre les concessions
accessibles au plus grand nombre de familles en faveur
desquelles d'autres facilités ont été ménagées.

Outre les pierres concédées et déjà placées qui, par
leurs devises pieuses, leur riche ornementation, leur
grave et religieux aspect peuvent servir de specimen et

[1] Voir aux *pièces à l'appui*, page 95.

appeler l'attention publique sur ce mode si touchant de concours en faveur de l'Œuvre, la Commission a pensé que, soit pour mieux fixer les idées sur les dimensions et les places des pierres à choisir, soit pour faire mieux saisir l'effet général de cette décoration funèbre dans les cryptes., il était utile de représenter par des cartons, les pierres dans leurs formes, leurs dispositions et leurs proportions définitives. Ces cartons qui resteront à demeure serviront encore à faire connaître les concessions déjà faites et celles sur lesquelles le choix peut se fixer.

Les pierres commémoratives seront donc, en même temps, on le voit, des *ex-voto* et des monuments consacrés par le deuil des familles, proclamant d'une manière durable le lien qui les attachera à l'Œuvre et qui mettra leurs larmes, leurs prières et leurs espérances chrétiennes sous la triple protection de la Mère des affligés, du patron de la bonne mort et de celui qui tient les clefs du ciel. A ces divers titres, on ne saurait douter que là, comme pour tant d'autres sanctuaires auxquels s'est attachée la vénération des fidèles, les murs de la crypte ne se revêtent rapidement de ces pierres qu'appelleront tant de sentiments de générosité et de piété. Et cette église souterraine, qui s'est faite, on l'a déjà dit, par les révélations du travail lui-même, en dehors de tout plan préconçu et dont le mérite de conception et d'exécution appartient tout entier à l'architecte M. Leroy; cette église souterraine dont un certain nombre de personnes s'étaient effrayées à tort, comme devant apporter un accroissement considérable aux dépenses de l'Œuvre, sera en même temps, soit par la prière dont elle sera le foyer, soit par les largesses dont elle sera l'inspiration, comme ce sein fécond de la terre où il suffit de jeter un grain pour y préparer, par sa mystérieuse germination, l'abondance et la richesse de la récolte.

Bien que jusqu'ici ce nouveau mode de concours, tout récemment établi, n'ait pu produire que de faibles ressources, puisqu'elles ne s'élèvent qu'à 14,000 fr., cependant il promet, pour l'avenir, une fécondité à laquelle la Commission se confie. Elle aura à le signaler spécialement lorsqu'elle envisagera les divers éléments d'action que sollicite la période nouvelle qui va s'ouvrir.

En résumant les indications qui viennent d'être données sur les voies et moyens de la période accomplie, et en y comprenant, avec d'autres recettes accessoires, le montant des loyers, des locaux appartenant à l'Œuvre, on arrive à une somme totale de 889,195 fr. 66 c., sur laquelle nous aurons à revenir lorsqu'il s'agira de l'examen du compte financier.

Mais avant de nous en occuper, et pour terminer cette partie de notre travail, nous avons à jeter un coup d'œil sur les éléments, sur les espérances de concours que nous réserve l'avenir.

Ces éléments ne sauraient être très-différents de ceux qui déjà, et dans une mesure si grande, ont contribué au développement de l'Œuvre.

C'est en première ligne le renouvellement de la souscription. L'esprit de grandeur, de générosité, de résolution et de persévérance chrétiennes qui s'est si admirablement produit pour commencer l'Œuvre, ne saurait s'abdiquer lorsqu'il s'agit de la poursuivre. Ce n'est pas devant les résultats accomplis, ce n'est pas devant tant d'encouragements venus de Dieu et des hommes, que pourrait s'arrêter le sentiment du patriotisme et de la piété

Lilloise. Il y a là un devoir d'honneur; il sera accompli.

Puis le champ où s'élève l'église de Notre-Dame de la Treille et Saint-Pierre est une terre bénie. Le Ciel continuera à y faire tomber la rosée, telle que l'amènent, abondante, les dons, les quêtes, les humbles et journalières offrandes, le produit des sermons de charité.

Les *titres de fondation* n'ont pas épuisé leur fécondité. Ils ont encore à se répandre au milieu de nous, au dehors, dans nos contrées, dans les contrées lointaines et étrangères où le culte si ancien et si étendu de Notre-Dame de la Treille a ses racines traditionnelles et son droit d'asile. Les *titres de fondation* sont destinés, pour leur part, à restituer à ce culte le caractère de généralité qu'il avait autrefois. Ils ont à pénétrer, ils ont commencé à pénétrer en Italie, en Espagne, en Belgique, en Allemagne. Ils font appel à ces nombreuses et illustres familles au sein desquelles l'ordre de la Toison d'or a porté son éclat. En un mot, l'OEuvre de Notre-Dame de la Treille et Saint-Pierre n'est pas seulement une OEuvre d'intérêt local; c'est une OEuvre d'intérêt universel; c'est un hommage qui vient s'ajouter à tous les hommages de dévotion et de piété que la proclamation du dogme de l'Immaculée-Conception a fait surgir en l'honneur de la sainte Vierge; c'est une œuvre Lilloise, mais c'est aussi une œuvre française, une œuvre catholique, à laquelle, sur tous les points, les sympathies sont assurées.

C'est dans ce vaste champ qu'ont encore à fonctionner les *titres de fondation*.

Nous avons parlé en détail des *pierres commémoratives*. Nous avons dit quelles espérances s'y rattachent. Nous nous bornons à les rappeler.

Et pourquoi ne compterions-nous pas, dans cette énumération des moyens réservés à l'avenir, le contingent d'une loterie nouvelle? Nous avons sans doute constaté ce que la première a appelé de travaux et de fatigues, et il y a là de quoi effrayer, par le souvenir, le zèle le plus dévoué; mais de ces labeurs, entre autres résultats, il est sorti l'expérience. Puis l'organisation des loteries elle-même s'est simplifiée : il s'est formé, pour leur exploitation, une sorte d'administration spéciale qui en facilite et en régularise le mécanisme. Une nouvelle loterie serait donc pour l'administration de l'Œuvre une opération moins ardue. Cette faveur, d'une autorisation nouvelle, s'étendant cette fois à toute la France et à un capital plus élevé, pourrait-elle d'ailleurs nous être refusée en présence de la grandeur de l'Œuvre, de son caractère général, des sacrifices que s'est imposés la générosité Lilloise et aussi des liens qui unissent l'Œuvre d'une manière si opportune et si étroite à l'agrandissement de la ville de Lille qu'elle dotera d'un monument digne de sa grandeur future? Et enfin, la Commission de l'Œuvre n'aurait-elle pas à invoquer les titres spéciaux de confiance que peut lui faire auprès de l'administration supérieure le fidèle et strict accomplissement des obligations qui lui avaient été imposées la première fois?

Ainsi, le renouvellement de la souscription; les dons, quêtes, sermons de charité; les titres de fondation; les pierres commémoratives; et enfin, une loterie nouvelle : tels sont les éléments du programme devant lequel nous place la seconde période décennale de l'Œuvre.

Ces éléments sont-ils les seuls?

Ici s'ouvre une perspective nouvelle que nous avons déjà indiquée et sur laquelle nous avons à reporter les regards; nous voulons parler de l'action du temps et des circonstances qui convergent nécessairement vers la constitution prochaine en paroisse, de l'église de Notre-Dame de la Treille et Saint-Pierre. Nous avons dit toutes les nécessités, toutes les convenances qui appellent cette transformation. Nous avons dit ce qu'elle aurait de déterminant pour le développement et le succès de l'Œuvre. Il y a là une évidence qui frappe les yeux. Nous n'avons pas à y insister.

Puis enfin le moment n'approche-t-il pas où l'Œuvre de Notre-Dame de la Treille aura le droit de revendiquer une place dans l'adoption et du gouvernement et de l'administration locale ? Le gouvernement, qui a tant fait pour Marseille, pour Moulins, pour d'autres villes encore, n'a-t-il rien à faire pour Lille, pour cette ville, boulevard de la France à sa frontière du Nord, qui frappe la première les regards de l'étranger auquel elle n'a à présenter, en fait de monuments, que le souvenir des ruines que lui a faites sa mission de défense nationale ; de cette ville, chef-lieu du département le plus considérable de la France, celui qui contribue, pour la plus large part, à la fortune publique et qui sauvegarde en même temps l'honneur du pays sur les champs de bataille et sur le champ des luttes industrielles et agricoles ? Est-ce que ces sacrifices accomplis, ces services rendus à la gloire, à la richesse, à la supériorité nationales n'ont pas constitué à la ville de Lille des titres spéciaux à la reconnaissance d'un gouvernement animé du sentiment des grandes choses ? et n'a-t-il pas à reconnaître que l'Œuvre de Notre-Dame de la Treille et Saint-Pierre est une Œuvre de réparation à laquelle il convient à sa justice et à sa générosité de mettre la main ?

Et quant à l'administration locale, nous avons sans doute à tenir compte du fardeau considérable que l'agrandissement de la ville et que les engagements pris font peser sur elle. En fait de monuments religieux, la restauration de l'église Saint-Maurice a été commencée, trop tardivement peut-être ; il faut qu'elle s'achève et qu'il se fasse là aussi quelque chose de digne de notre grande cité. Mais s'il y a à porter d'abord de ce côté les ressources disponibles du trésor communal, qu'au moins un lien de patronage et de sympathie vienne s'établir entre l'administration locale et l'OEuvre de Notre-Dame de la Treille et Saint-Pierre. Que cette OEuvre à laquelle s'est attaché le cœur de la cité ne reste pas comme frappée d'ostracisme. Qu'il ne soit pas dit que parce qu'elle a été inspirée par la générosité du sentiment catholique, elle n'aurait rien à revendiquer des sympathies, du concours, de la bonne volonté de ceux que le suffrage de leurs concitoyens a investis du soin d'administrer les intérêts communaux et auxquels il est commandé de ne rien négliger de ce qui peut contribuer à la grandeur morale comme à la grandeur matérielle de la ville.

C'est par l'expression de ces vœux et de ces espérances que nous aimons à clore cette portion importante de notre travail.

QUATRIÈME PARTIE

─────◦◦❖◦◦─────

Compte financier; comptabilité; organisation.

Nous avons précédemment indiqué les ressources de l'Œuvre. Nous avons maintenant à spécifier leur emploi.

Un compte récapitulatif et détaillé des recettes et des dépenses a été dressé. Il se trouve aux *pièces à l'appui* (page 101).

Au moment où a été arrêté le compte de l'année 1863, la dernière de la période décennale, la dépense totale de cette période s'élève à la somme de 885,513 fr. 30 c. balançant celle des recettes effectuées par une encaisse de 3,682 fr. 36 c.

Mais cette somme de 885,513 fr. 30 c. a besoin d'être analysée et décomposée dans ses éléments divers, pour en faire ressortir la dépense propre aux constructions conduites au point où elles sont parvenues, et aux matériaux ouvrés ou non ouvrés qui existent sur les chantiers.

Voici à cet égard ce qu'enseigne le compte récapitulatif.

Pour arriver à isoler la dépense propre aux constructions, il y a lieu d'en séparer les éléments qui suivent :

1° ACQUISITION DE LA PROPRIÉTÉ DU CIRQUE.

Ce titre comprend :

1° Portion acquittée du prix principal conformément aux actes des 30 juin 1854 et 29 juin 1859. . 200,000 fr. »

2° Frais d'enregistrement, d'actes, honoraires, etc. . . . . 22,948 fr. 33 c.

222,948 fr. 33 c.

3° Intérêts pendant un an sur le prix d'acquisition, d'une somme de 20,000 fr., dont le remboursement a été retardé d'une année. . . . 1,000 fr. »

4° Intérêts payés sur une somme de 60,000 fr. due pour complément du prix de la propriété. . 9,000 fr. »

Cette dernière somme de 60,000 fr. appartenant à un des anciens co-propriétaires, interdit, n'a pas été exigée par son tuteur qui en a laissé le paiement suspendu, sous garantie d'hypothèques et sous condition de 5 % d'intérêt annuel. La commission de l'Œuvre a accueilli cet arrangement qui lui a permis de faire arriver les travaux à un plus grand degré d'avance-

232,948 fr. 33 c.

A reporter. . . 232,948 fr. 33 c.

Report. . . . 232,948 fr. 33 c.

ment. Elle comptait d'ailleurs, elle doit le dire,
sur un résultat plus favorable de la loterie.
Elle aura à pourvoir à l'acquittement de la
somme dont il s'agit; ce qu'elle compte faire
en la répartissant, par dixième, sur chaque
année de la nouvelle période, afin d'en alléger
la charge, et ne pas nuire à l'accélération et à la
bonne marche des travaux.

2° FRAIS DE CONCOURS.

Ils se composent comme suit :

Frais divers pour l'exposition, la distribution des prix, réception et placement des plans, frais de port, etc., etc.	2,149 fr.	33 c.
Dépenses pour médailles.	2,862 fr.	»
Dépenses des prix [1]. .	13,000 fr.	»
Frais relatifs aux plans définitifs.	2,420 fr.	»

20,431 fr. 33 c.

Nous avons fait connaître les considérations
qui avaient appelé le concours, l'importance
qu'il a eue en lui-même et qu'il a eue pour
l'Œuvre. Rien n'est à regretter de la dépense
qu'il a occasionnée, et il est douteux qu'elle eût

A reporter. . . 253,379 fr. 66 c.

[1] Voir aux *pièces à l'appui*, page 97, la note indiquant le détail des
projets couronnés, et le nombre des dessins dont ils se composent. Aux termes
du Programme du Concours, les projets qui avaient été couronnés devaient
rester la propriété de l'Œuvre.

Report. . . . 253,379 fr. 66 c.

été beaucoup moindre en s'adressant à l'une des sommités de l'art architectural. La commission qui, dans ce système, aurait été placée devant l'embarras du choix et qui aurait eu à prendre sur elle le poids d'une responsabilité redoutable, y aurait perdu la garantie d'un jury composé des hommes les plus compétents et la sanction de l'opinion publique. C'est de cette double garantie, on peut le dire, qu'est sorti le plan définitif, résumé des mérites épars que présentaient les projets présentés au concours.

La dépense pour médailles se trouve atténuée de la somme portée en recette de 427 fr. 35 cent., applicable aux médailles payées par les membres de la commission.

3° FRAIS DE CONTRIBUTIONS ET AUTRES RELATIFS A LA PROPRIÉTÉ.

1° Contributions, frais d'assurances et canon d'arrentement. . . . . 18,454 fr. 94 c.

2° Entretien des bâtiments d'habitation. . . 1,795 fr. 84 c.

20,250 fr. 78 c.

Cette dépense trouve sa large compensation dans la recette des loyers des locaux, laquelle s'élève dans le compte à 42,350 fr. 33 c. [1]

A reporter . 273,630 fr. 44 c.

[1] Il reste à recouvrer une somme dont l'importance apparaîtra au compte final de l'exercice 1863.

Report. . . . 273.630 fr. 44 c.

4° TITRES DE FONDATION.

Voici le détail de la dépense :

Frais de bureau, poste, messageries, etc. . .	581 fr. 88 c.
Traitements et gages. .	1.025 fr. 05 c.
Frais d'impression, de lithochromie et de lithographie.	9.330 fr. 55 c.
Honoraires et frais de voyage.	953 fr. 50 c.

11.890 fr. 98 c.

On se rappelle que la recette provenant des titres de fondation s'élève jusqu'à ce jour à 67,335 fr. 20 cent.

5° INTÉRÊTS DE FONDS EMPRUNTÉS.

Pour accomplir dans une même campagne des travaux qui auraient été plus coûteux s'ils avaient été fractionnés, et que l'intérêt de la construction exigeait de faire, pour ainsi dire, d'un seul jet, il a été nécessaire d'anticiper, par des emprunts, sur les ressources ultérieures de l'Œuvre. C'est ainsi que dans les années 1857, 1858, 1859 et 1860, indépendamment de toutes les dépenses d'une autre nature, les sommes appliquées aux seuls travaux de l'église ont atteint 404,464 fr. 15 cent., soit en moyenne, plus de 100,000 fr. par année. . 11.984 fr. 44 c.

A reporter. . . 297.505 fr. 86 c.

Report. . . . 297,505 fr. 86 c.

6° CHAPELLE PROVISOIRE, HANGARD Y ATTENANT, MAISON DU CONCIERGE.

L'établissement de la chapelle provisoire, y compris l'acquisition de son matériel et quelques frais accessoires, tels que ceux auxquels ont donné lieu la mise en état du hangard y attenant, et pour une faible part l'appropriation du logement du concierge, fait ressortir une dépense de . . . . 10,223 fr. 19 c.

Nous avons vu dans la première partie de ce travail, à quelles inspirations la commission avait obéi en se hâtant d'ériger sur le terrain consacré à Notre-Dame de la Treille, un lieu de prière. Notre Œuvre n'est pas seulement matérielle : elle est avant tout morale et religieuse; c'est ce caractère qu'il importait de lui imprimer dès le début. Qui pourrait penser que la dépense faite a été stérile? Et comment douter des bénédictions qu'elle a attirées à l'Œuvre? Son utilité ne se bornera certainement pas, d'ailleurs, à avoir fourni aux RR. PP. Rédemptoristes leur premier asile et leur premier foyer d'action dans notre cité. La *chapelle provisoire* est encore destinée à être, dans un avenir prochain, un des éléments essentiels de la *paroisse provisoire*. Quel que soit le développement qui pourra être donné aux travaux de l'Œuvre, il faut encore compter quelques années avant

A reporter. . . 307,729 fr. 05 c.

Report. . . . 307,729 fr. 05 c.

qu'ils aient atteint le degré d'avancement nécessaire pour que la partie supérieure, correspondant aux fondations faites, puisse être mise en
état de servir à l'exercice du culte. Jusque-là
la chapelle de la crypte et la chapelle provisoire
constitueront le berceau de la paroisse naissante. Ce seront là, sans doute, d'humbles
commencements : mais ils sont conformes à la
loi des œuvres chrétiennes. C'est par la crèche
qu'a commencé la mission du Sauveur des
hommes. C'est d'ailleurs ainsi, nous l'avons
dit, que les nouvelles paroisses s'établissent dans
d'autres grandes villes et notamment dans la
capitale.

7° DÉPENSES DIVERSES.

1° Frais d'établissement. 1,947 fr. 25 c.

Ces faits sont relatifs à l'agencement des
chantiers, à l'établissement des hangards et
ateliers fermés.

2° Frais de décoration
et autres pour la cérémo-
nie de la pose de la pre-
mière pierre. . . . . 921 fr. 05 c.

3° Frais d'impressions. 3,267 fr. 45 c.

Cette dépense comprend outre les registres,
imprimés divers, notices, comptes-rendus par
la Commission, etc., une édition de l'*Histoire
de Notre-Dame de la Treille*, par le P. Vincart.
La Commission a pensé que dans l'intérêt de

A reporter. . 6,135 fr. 75 c. 307,729 fr. 05 c.

Report. . . . 6,135 fr. 75 c. 307,729 fr. 05 c.

l'Œuvre et comme moyen de la propager, il
lui appartenait de faire revivre un ouvrage qui
célèbre les gloires et les bienfaits de notre
sainte et puissante Patronne. Des exemplaires de
cet ouvrage ont été adressés à Sa Sainteté, à un
certain nombre de prélats de la cour de Rome,
à Nosseigneurs les archevêques et évêques de
France, à quelques prélats de la Belgique. Les
exemplaires qui restent en grand nombre seront
utilisés par la Commission soit comme hommage de reconnaissance pour services rendus
à l'Œuvre, soit pour lui procurer une ressource nouvelle en les mettant en vente.

4° Menues dépenses.   2,277 fr. 24 c.

8,412 fr. 99 c.

316,142 fr. 04 c.

La dépense totale ayant été de 885,513 fr. 30 c., la
dépense applicable aux travaux de construction proprement
dite se réduit à la somme de 569,371 fr. 26 c.; cette somme
comprend d'ailleurs :

1° Les honoraires de l'architecte qui,
pour les dix années et pour l'ensemble de
ses travaux multipliés de plans, devis,
dessins, y compris celui de la vue perspective de la chapelle de la sainte Vierge,
direction et surveillance, s'élèvent à la
somme de. . . . . 20,964 fr. 83 c.

A reporter. . . 20,964 fr. 83 c.

Report. . . . 20,964 fr. 83 c.

2° Les frais de transport et de camionage des pierres et matériaux, pour 28,878 fr. 69 c.

3° Les émoluments du garde des travaux. 5,119 fr. 50 c.

4° La valeur de toutes les pierres et matériaux existant sur les chantiers et non encore placés (par approximation). . . 10,000 fr. »

5° La valeur des échafaudages, déjà considérables, qu'a rendus nécessaires l'élévation de la chapelle de la Vierge, des colonnes maîtresses du chœur, et des murs des quatre chapelles de l'abside (par approximation). . . . . 12,000 fr. »

76,963 fr. 02 c.

Il nous a paru bon d'insister sur cette énumération pour faire ressortir la dépense relativement restreinte qui s'applique aux constructions dans l'état déjà si considérable d'avancement où elles se trouvent. Il y a là, en effet, un fait rassurant pour l'avenir. Il indique ce que pourra produire, avec les mêmes ressources, la nouvelle période qui s'ouvre et qui n'aura plus à supporter le fardeau de toutes les dépenses accessoires qui, bien qu'avec une incontestable utilité, se sont multipliées et se traduisent par un chiffre élevé pour la période parcourue. Il sera difficile, nous l'espérons, de ne pas reconnaître dans la situation ainsi analysée, un témoignage des conditions économiques dans lesquelles les travaux ont été exécutés en ce qui concerne le prix soit des matériaux, soit de la main-d'œuvre. Pour compléter ce témoignage, nous donnons ci-après, aux *pièces à l'appui* (page 103), le relevé, par année, des prix attribués.

Nous ferons remarquer en outre que la dépense sur laquelle
nous raisonnons ne s'applique pas seulement à des travaux
de grosses constructions, mais qu'elle comprend encore des
travaux d'art et de ciselure d'une importance sérieuse, parmi
lesquels il faut compter les nervures des voûtes de la crypte
et les culs de lampes qui les décorent ; et surtout d'une part,
les quatorze triples chapiteaux destinés, comme nous l'avons
expliqué, à surmonter les sveltes colonnes de la chapelle de
la Vierge ; et d'une autre part les magnifiques et puissants
chapiteaux [1] qui couronnent les trois colonnes maîtresses
du contour du chœur. Les tambours de ces colonnes
qui se montrent toutes les quatre à la place qui leur appartient, ont eux-mêmes donné lieu à un travail considérable de taille. Et comment pourrions-nous omettre, dans
ce rapide aperçu, de mentionner ces escaliers en spirale,
chef-d'œuvre de construction et de taille, qui partent du
fond des cryptes pour s'élever dans les hauteurs extrêmes
de l'édifice et qui, du bas jusqu'en haut, semblent avoir
été découpés, par un habile ciseau, dans un seul et même
bloc de gigantesque dimension. Ces merveilles de travail,
c'est le nom qui leur appartient, il faut bien les rappeler ;
car il semble parfois qu'on les oublie et qu'on ne leur
fasse pas la part d'admiration et, nous oserions presque
dire, la part de reconnaissance qui leur est due.

Après avoir considéré le compte récapitulatif au point de
vue des dépenses, il y a lieu d'en faire ressortir le détail
qui témoigne de l'ordre qui a présidé à la comptabilité de
l'Œuvre. Il convient d'ajouter qu'aucune dépense, si
minime qu'elle soit, n'existe sans la justification d'un mémoire, facture ou compte, et n'est soldée que sur un borde-
reau de paiement présenté par l'architecte et signé par le

---

[1] Le quatrième sera achevé avant la fin de l'année.

président de la Commission. La délivrance des espèces est faite par M. le trésorier de l'OEuvre entre les mains de chacune des parties prenantes.

La comptabilité de la Commission est donc dans des conditions de régularité telles que, selon l'expression d'un homme compétent sous les yeux duquel elle a eu à passer, elle pourrait être soumise sans crainte de critique, au contrôle de la Cour des Comptes.

Et toutefois la Commission a voulu compléter son mandat à cet égard, et retracer l'histoire financière de l'OEuvre au moyen d'un système d'écriture méthodique et de forme commerciale qui permettra de suivre dès le début de l'OEuvre, et dans le plus grand détail, le mouvement des recettes et des dépenses. Ce travail s'élabore en ce moment pour la période accomplie, et il se poursuivra ensuite d'année en année, de sorte que, à quelque époque que ce soit, il sera facile de se rendre compte soit des résultats généraux, soit des spécialités diverses et nombreuses qui constituent l'ensemble de la recette et de la dépense.

Pour compléter cet exposé et répondre à toutes les sollicitudes, nous croyons utile de reproduire un extrait d'un de nos comptes-rendus où nous donnions quelques indications sur l'organisation de l'OEuvre, son mode d'administration, l'esprit qui la dirige, les garanties et le contrôle qu'elle comporte.

« L'administration se résume essentiellement dans la
» Commission centrale. Toutes les questions d'ensemble ou
» de détail sont délibérées par elle, et les discussions qu'elles
» ont soulevées sont consignées avec beaucoup de soin et
» d'étendue dans des procès-verbaux dont le recueil peut

» être considéré comme la plus complète histoire de
» l'OEuvre.

» C'est en vertu des décisions prises par la Commission
» que l'action se produit dans la mesure et selon les
» règles qu'elle a prescrites.

» Ainsi c'est elle qui, chaque année, sur le rapport de
» l'architecte, fixe et détermine le programme des travaux
» de la campagne.

» Ces travaux impliquent des marchés, soit pour des
» mains-d'œuvre à accomplir, soit pour des fournitures
» à livrer. Les marchés à faire constituent naturellement
» une des plus graves attributions de la Commission :
» elle n'y procède qu'après une enquête approfondie,
» complétée par les avis et les appréciations des
» autorités les plus compétentes. C'est d'après cet en-
» semble d'éléments que la Commission décide entre
» les concurrents dont les soumissions ont été provo-
» quées, le choix des entrepreneurs qui présentent le
» plus de garanties de bonne fourniture et de bonne
» exécution.

» Ce système, qui est le seul praticable pour des travaux
» tels que les nôtres, travaux d'une nature plus ou moins
» aléatoire quant à leur importance qui dépend de ressources
» tout éventuelles, est d'ailleurs préférable aux adjudi-
» cations publiques. Celles-ci, en effet, d'après le mode qui
» les régit, excluent la possibilité de choisir les entre-
» preneurs, et oblige de s'en tenir à une condition absolue
» de rabais qui ne présente le plus souvent qu'un avantage
» fictif ou même onéreux, chèrement acheté par la mau-
» vaise exécution des mains-d'œuvre ou la qualité infé-
» rieure des fournitures. La construction toute artistique
» que nous élevons, n'admet pas, on le comprend, le

» risque de ces éventualités que l'on peut courir et dont
» on peut se couvrir pour des constructions plus simples
» et plus habituelles. Le genre de travaux que nous
» avons à exécuter exige des matériaux de premier
» choix, des fournitures d'une qualité irréprochable et
» des ouvriers sûrs d'eux-mêmes dans les mains-d'œuvre
» délicates qu'ils ont à accomplir.

» Sous ces divers rapports, les témoignages des hommes
» les plus versés dans l'art des constructions constatent le
» degré de perfection qui signale nos travaux. Il y a
» lieu d'admirer spécialement le soubassement de l'édifice,
» exécuté au moyen de grés de dimensions tout excep-
» tionnelles et qui présentent, après taille, sur une
» longueur de 0,90, une profondeur de 0.35 et une
» hauteur de 0,40.

» Nonobstant ces conditions spéciales, nous n'avons,
» nous l'avons déjà dit, qu'à nous applaudir des prix
» de mains-d'œuvre et de fournitures qui ont été
» obtenus, et qui, appréciés par des autorités diverses et
» notamment par des chefs d'administration chargés de la
» direction des grands travaux publics, ont été reconnus
» comme étant renfermés dans les limites les plus mo-
» dérées [1].

» Sous la réserve du choix de l'entrepreneur, selon
» les motifs ci-dessus énoncés, tout, soit pour les four-
» nitures, soit pour les mains-d'œuvre, est régi par le mode
» de l'entreprise.

» Les règlements partiels des travaux dans le cours de
» de chaque campagne donnent lieu, à la fin de l'année,
» à un règlement général et détaillé qui reste déposé aux

[1] Le détail de ces prix, année par année, se trouve indiqué dans une note existant aux *pièces à l'appui*, page 103.

» archives de l'Œuvre. A l'appui de ce règlement se
» trouvent pour les parties cachées, telles que les fonda-
» tions, des plans et des élévations qui précisent l'étendue
» des travaux. Le contrôle des règlements peut être
» ainsi renouvelé à toute époque. »

Nous manquerions de justice si en terminant cet exposé
nous ne rendions pas l'hommage qu'ils méritent aux efforts,
au zèle, à l'habileté et au dévouement de l'architecte chargé
de la direction des travaux. Ce monument insigne dont il a
eu l'honneur de jeter, d'une main prudente et hardie,
les premiers fondements, c'est avec tout son cœur et
avec une sorte de culte qu'il en poursuit le développement,
guidé par les inspirations du génie auquel nous sommes
redevables des plans que nous a légués le R. P. Arthur
Martin. et par les études incessantes qu'il consacre à cet art
architectural du xiiie siècle qui a tout son amour, et qui
ne saurait jamais être trop approfondi parce qu'il se présente, dans ses combinaisons si riches et si variées, avec
ce caractère infini du sentiment catholique dont il est la
plus haute interprétation. Il n'a pas suffi à l'architecte de
Notre-Dame de la Treille et de Saint-Pierre de consacrer
ses fatigues et ses veilles à compléter et à préciser dans tous
leurs détails les plans de l'immense édifice, et de rechercher
avec l'empressement d'une science modeste les avis des
hommes qui ont autorité dans l'art, lorsque quelque
question indécise en appellait le besoin ; il a voulu faire plus.
Il a voulu traduire par avance la pensée génératrice de
l'Œuvre dans un monument en quelque sorte vivant; dans
une reproduction en relief, sur une échelle réduite de
0,05 ^{cm} pour mètre, de manière que non-seulement on
pût saisir l'effet d'ensemble que produira l'église achevée,

mais que la place de chacune de ses pierres fût, pour ainsi dire, marquée dans ses dimensions propres. Cet admirable spécimen, qui ne comporte pas moins de trois mètres comme longueur totale pour la partie commencée représentant la longueur de l'édifice depuis l'entrée du chœur jusqu'au fond de la chapelle de la sainte Vierge, est déjà parvenu, après plusieurs années de travail, à un degré notable d'avancement. L'ardeur patiente qui l'a commencé saura en atteindre l'achèvement. Et alors les destinées du sacré monument seront plus que jamais fixées : elles pourront plus sûrement encore défier l'insta-bilité des années qui fuient et des hommes qui passent. Il y aura là, sans contredit, un grand service rendu à l'unité et à la perpétuité de l'OEuvre. Nous avions à le signaler à la reconnaissance publique.

CINQUIÈME PARTIE

— ◦⟨⊗⟩◦ —

Conclusion.

Le travail qui précède a eu pour objet de retracer l'histoire de l'Œuvre de Notre-Dame de la Treille et de Saint-Pierre, dans ses principaux détails et dans ses divers moyens d'action, pendant les dix années qui viennent de s'écouler. Nous en avons montré le passé : nous en avons indiqué l'avenir : deux termes où ont à se placer, dans leur plus large mesure, l'action de grâces et l'espérance : deux termes que viendront relier, dans l'unité d'une grande et religieuse pensée, une sainte persévérance et une foi généreuse.

Nous avons le droit d'y compter, nous en avons le devoir. Est-ce que cette Œuvre, à laquelle tant de secours sont venus de la part de Dieu et de la part des hommes, pourrait être délaissée? Est-ce après qu'elle a manifesté si puissamment sa vitalité; qu'elle a surmonté les difficultés qui paraissaient insurmontables; que, sortie des entrailles de la terre, elle s'élève pleine de confiance vers le ciel;

est-ce lorsqu'elle a retenti dans le monde entier et qu'elle a rencontré partout des sympathies actives et fécondes; est-ce en face des résultats obtenus et des succès promis, qu'elle aurait à craindre de voir s'amoindrir l'élan de générosité qui a fait son existence et qui a marqué ses débuts? Est-ce que cette générosité irait s'abdiquer et s'éteindre, effrayée par la grandeur même d'une entreprise dont la grandeur est la première raison d'être?

Ah! sans doute un large concours a été donné à cette OEuvre de réparation et d'avenir, à cette grande manifestation de religion et de patriotisme, dans les dix années dont le terme est arrivé; mais quel qu'ait été ce concours, si considérable qu'il se montre aux yeux des hommes et si précieux qu'il soit aux yeux de Dieu qui le rendra au centuple, quel est le cœur chrétien qui en tirerait le droit de dire : « C'est assez; j'ai payé le tribut de ma foi, le » tribut de la prospérité qui m'a été faite, le tribut des » grâces innombrables que j'ai reçues; je n'ai plus rien » à faire. » De telles paroles ne sauraient être dites; car la charité n'est pas d'un jour, elle est de tous les jours. Est-ce que chaque jour Dieu ne nous donne pas son soleil, les dons innombrables de sa providence, la vie pour notre corps, la vie pour notre âme immortelle? Est-ce que, de tous ces bienfaits, il n'a pas composé une mesure pleine, pressée, entassée? Calculerons-nous avec lui là où il n'a pas calculé avec nous? Sa bonté infinie s'arrête-t-elle un moment pour dire : « J'ai fini, je n'ai plus rien à faire? » Et, au contraire, ne se répand-elle pas à chaque instant dans l'abondance et la surabondance de son inépuisable générosité? C'est elle, c'est cette générosité qui ne se laisse pas vaincre, dont l'appel s'adresse à la nôtre toujours si étroite et si courte.

Nous voudrons y répondre : nous saurons mettre nos cœurs et nos pensées à la hauteur de cette OEuvre insigne; OEuvre de dévouement par excellence, dont un des mérites sera d'avoir été commencée et poursuivie par un grand nombre de ceux qui ne pouvaient espérer de la voir s'achever. Mais leur travail aura été fécond et pour le présent et pour l'avenir : chaque pierre apportée au pieux édifice aura été une source de grâces nouvelles, et comme une prière plus puissante élevée vers le ciel; il y aura là une manifestation de plus en plus éloquente de cette *sainte tenacité de la foi* dont parlait notre bien-aimé et vénérable Archevêque, comme étant la première condition et le premier bien de notre OEuvre; et il en sortira comme un héritage sacré que les générations se transmettront avec fidélité les unes aux autres pour obtenir, avec l'accroissement du règne de Dieu sur la terre, l'accroissement de sa miséricorde.

Le temps qui sera nécessaire à l'entier accomplissement de notre OEuvre ne sera donc pas perdu : chaque jour il portera des fruits précieux. Sans doute il faut travailler à l'abréger, mais nous n'avons pas à nous en effrayer. Ce qui nous ferait faillir au sentiment chrétien, ce serait, parce qu'il y a devant nous une longue tâche, de nous abandonner à un sentiment de découragement et de lassitude qui paralyserait notre zèle. Nous n'avons pas à nous effrayer du temps; nous avons à compter courageusement avec lui. Dieu, qui a mesuré les choses humaines sur son éternité, a fait du temps la condition des grandes choses. Et malheur aux époques où l'on ne sait plus stipuler pour l'avenir et y placer généreusement le but de ses efforts, de ses travaux, de ses sacrifices. Ce sont les époques de diminution et d'abaissement où se montre la triste prédominance de l'égoïsme et où l'homme, devenu inhabile à vivre pour les

autres, se concentre en lui-même et subordonne la vie des
générations et la grandeur de l'humanité aux étroites limites
de son existence d'un jour. Ne transportons rien de cet
esprit d'individualisme dans les œuvres chrétiennes. Sachons travailler pour elles, pour le bien collectif et durable
qu'elles sont appelées à accomplir, avec l'esprit d'abnéga-
tion, de persévérance et de générosité qu'elles réclament.
Sachons pratiquer cet oubli de nous-mêmes, qui est le grand
moyen pour que Dieu se souvienne de nous, pour qu'il
apporte le secours de sa puissance comme complément de
notre faiblesse, et qu'il supplée à la stérilité de nos efforts
par la fécondité de son action.

Et au milieu de tous les encouragements qui nous ont
été donnés, que chaque jour nous a apportés, que pouvons-
nous mieux faire, en terminant, que de signaler la nouvelle preuve d'intérêt que le Souverain Pontife a tout récemment encore daigné donner à notre Œuvre. Un des
membres de la Commission centrale admis aux pieds de
Sa Sainteté, a appelé sur nos travaux sa protection spéciale,
au début d'une nouvelle période et au moment où nous
avons à demander à la charité catholique la continuation de
son amour et de ses largesses. Le Saint-Père a bien voulu
accueillir le vœu qui lui était exprimé ; et au bas de la
supplique qui sollicitait de sa suprême bonté qu'il daignât
étendre la puissance de son bras sur cette ville de Lille.
cité de la Vierge, où s'élève l'Œuvre si chère à son cœur
de Pontife, il a formulé de sa main auguste cette bénédiction qu'il envoie à tous ceux qui apporteront leur pierre
au religieux édifice :

    « *Benedicat Deus omnes qui in prædictâ civitate diligunt*
   » *decorem domûs Dei et locum sanctum ædificant in hono-*

» *rem Beatæ Mariæ Virginis et Principis Apostolorum.*
» *Benedicat illos de rore cœli et pinguedine terræ* [1]. »

Et comme pour donner l'exemple et attacher un signe sensible de sa munificence à l'Œuvre qu'il a déjà comblée de tant de faveurs, le Souverain Pontife a fait don d'un calice qui prendra place, au nombre de ses plus précieux objets, dans le trésor de l'église de Notre-Dame de la Treille et Saint-Pierre.

Ajoutons comme preuve des sympathies du monde catholique en faveur d'une Œuvre qui rappelle et ravive le culte autrefois si répandu de Notre-Dame de la Treille, que le même membre a rencontré le plus chaleureux accueil de la part des ambassadeurs de la reine d'Espagne et du roi de Portugal, à Rome; que l'un et l'autre ont accepté avec empressement et comme un devoir, d'appeler le bienveillant et religieux intérêt de leurs souverains sur cette Œuvre à laquelle se rattachent, avec le souvenir de la piété de leurs ancêtres, les origines ainsi que les antiques et splendides traditions de l'ordre de la Toison d'or. L'un de ces illustres personnages a même daigné exprimer sur-le-champ le désir d'être compris dans la nouvelle liste des souscripteurs de l'Œuvre.

Et maintenant que toutes ces choses se sont faites en faveur de notre Œuvre, que la Providence l'a marquée d'un signe particulier et visible de sa protection, que les bénédictions du Pontife suprême sont venues coup sur coup se répandre sur elle; lorsque chaque jour se fait plus

---

[1] « Que Dieu bénisse ceux qui, dans ladite Ville, aiment la beauté de la
» maison de Dieu et élèvent un lieu saint en l'honneur de la Bienheureuse
» Vierge Marie et du Prince des Apôtres. Qu'il les bénisse de la rosée du ciel
» et de la graisse de la terre. »

éclatante, aux yeux de tous, la révélation de sa vie, de sa grandeur, de sa nécessité; lorsque s'ouvre devant elle un vaste horizon d'espérance où l'on peut apercevoir, dans un prochain avenir, des éléments nouveaux d'affermissement, de puissance, de progrès; qu'avons-nous à faire qu'à remercier, qu'à bénir, qu'à nous tenir prêts pour de plus grands efforts, en nous inspirant de plus en plus de cet esprit du courage catholique qui ne recule jamais, et en répétant avec un redoublement d'amour pour notre OEuvre et de confiance dans ses destinées, ce mot de la foi : *En avant !*

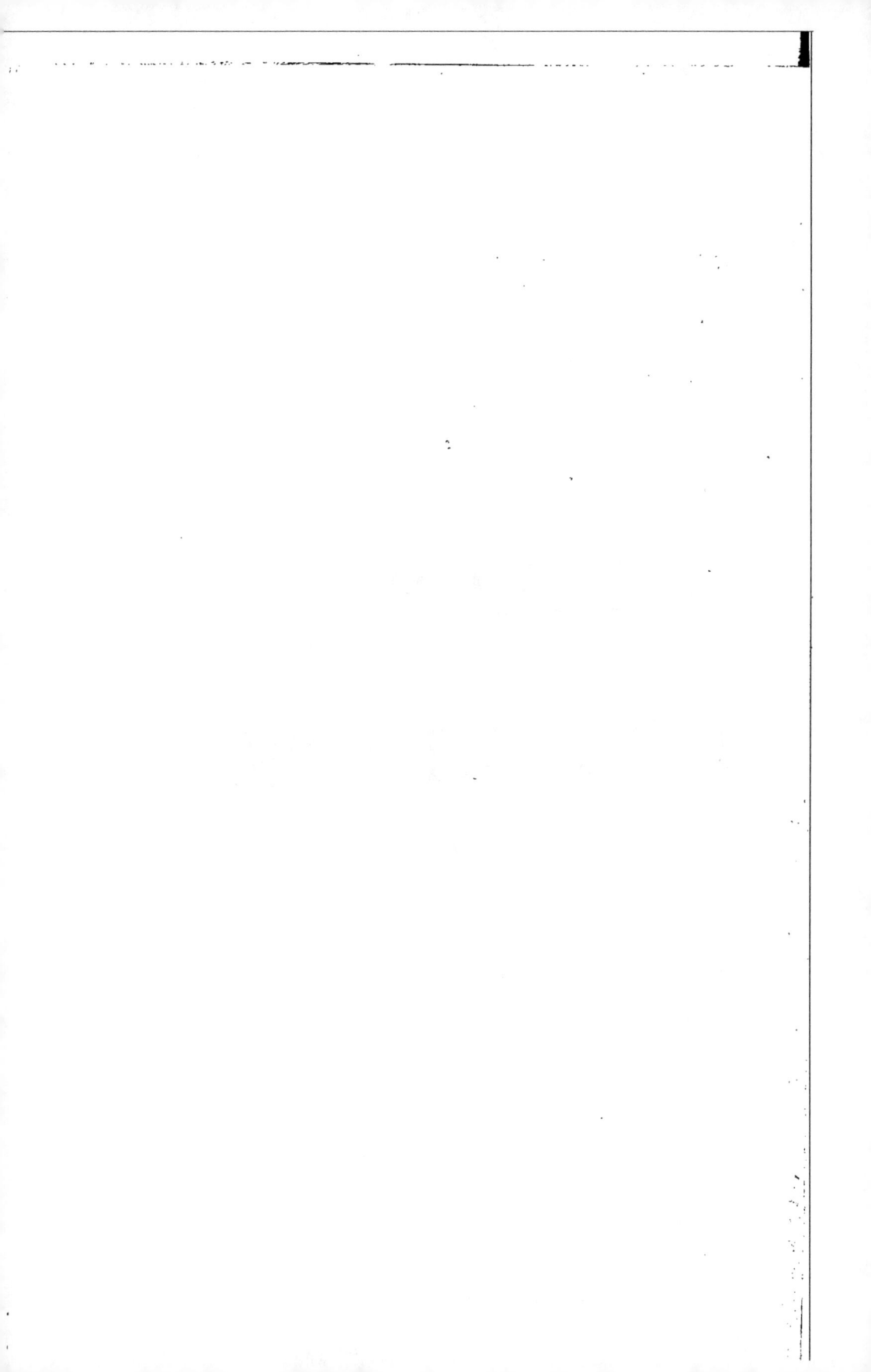

PIÈCES

ET

DOCUMENTS

A L'APPUI.

I. — **Procès-verbal** de la pose de la première pierre de l'église monumentale de **Notre-Dame** de la Treille et Saint-Pierre, déposé dans une boîte de plomb aux armes de **Mgr** de **Cambrai**, scellée dans la pierre.

Anno reparatæ salutis 1854, mensis Julii die Iᵃ;
. In Vigiliâ solemnitatis Jubilæi Sæcularis;
In honorem Beatæ Mariæ Virginis Cancellatæ concessi;
Romæ
Regnante Pio Papa IX;
Francorum
Imperatore L. Napoleone III,
Imperatrice Eugeniâ;
Septentrionalis districtûs
Præfecto D. Joanne Besson;
Civitatis Majore D. Augusto Richebé;
Illustrissimus et Reverendissimus Renatus Franciscus Regnier, Cameracensis
Archiepiscopus,
Assistentibus Illus. ac RR. Episcopis
Ludov. Pallu du Parc, Blesensi;
P. Lud. Parisis, Atrebat. — Delebecque, Gandav. — P. Arm. Ign. Cardon de
Garsignies, Suession. et Leodun. — J.-B. Malou, Brug. — Th. de Montpellier
de Verdrin, Leodiens. — Wicart, For. Juliens. et Tolon. — De Salinis, Lud.
Ant. Ambianensi;
Rem autem promoventibus electis civibus:
Kolb-Bernard, præsid.; — Cᵗᵉ de Caulaincourt, à secret.; — Tailliar, à secret.;
— H. Bernard. — Pajot. — Ollivier-Charvet. — L. Defontaine. — Fel. Dehau. —
De la Chaussée. — Agache. — Cᵗᵉ de Germiny. — Cᵗᵉ de Melun. — Mourcou-
Moillet. — Charvet-Barrois.
In ipsâ insulâ undè originem et nomen duxit civitas,
Primarium lapidem hujus templi in monumentum Jubilæi, et in honorem
Beatæ Virginis Mariæ Cancellatæ dictæ,
Nec non, vice antiquæ Collegialis Ecclesiæ, olim eversæ, in laudem beati
Petri apostolorum Principis erigendi,
Totâ plaudente civitate ac opibus juvante,
Benedixit ac posuit.

II. — Cérémonie de la pose de la première pierre de l'église de Notre-Dame de la Treille et Saint-Pierre, le 1ᵉʳ juillet 1854.

DISCOURS DE M. LE PRÉFET.

« Messeigneurs et Messieurs,

» Sous un gouvernement dont les fermes appuis sont dans les masses profondes de la population, parce qu'il a rendu sa force et son prestige à l'autorité, restitué à chacun les garanties qu'il avait perdues, honoré le pays en le réconciliant ; chaque citoyen attaché par les liens de la reconnaissance, non moins que par la fidélité à l'Empereur de qui émanent de si grands bienfaits, exerce ses droits dans toute leur plénitude.

» Confiantes dans un pouvoir fort et glorieux, nos valeureuses armées vont au loin soutenir l'honneur national et combattre pour les vrais intérêts de la chrétienté ; la justice, indépendante et consciencieuse, rend ses solennels arrêts ; l'administration veille avec une sollicitude journalière sur les besoins de tous et concourt au développement de la richesse publique ; le clergé, respectable et vénéré, se meut avec une entière liberté dans ce champ si vaste qui n'a d'autres limites que les lois du pays.

Les desseins généreux de l'Empereur, inspirés par la Providence, ont été vite compris par la nation. Les passions se sont apaisées, la conciliation s'est faite dans les esprits et dans les cœurs, le travail s'est ranimé ; on ne s'inquiète plus de l'avenir.

Chacun se repose dans la quiétude qui naît d'une situation

si consolante. Les instincts généreux de ce peuple qu'on a tenté si longtemps d'éloigner de ses devoirs, mais qui a la conscience de ses intérêts et de ses destinées, ont merveilleusement ratifié la grande mesure du Chef de l'Etat; aussi le peuple n'a-t-il qu'une voix pour le remercier de l'avoir réhabilité aux yeux du monde et d'avoir ravivé, de nos jours, un sentiment essentiellement lié à nos mœurs, le sentiment religieux.

» L'histoire des nations est tout entière dans leurs monuments; les nations disparaissent, et les monuments subsistent pour révéler aux âges futurs la pensée de leur création. En admirant les anciennes basiliques qui élèvent leurs dômes majestueux vers le ciel comme pour attester la piété de nos aïeux, qui de nous n'est saisi de respect pour leur zèle et leur dévotion ?

» Dans notre France, sol antique des croyances chrétiennes et catholiques, déjà si riche en monuments consacrés au culte, s'élèvent de tous côtés des temples pieux où l'humanité va puiser cette principale force de l'homme et des peuples : la foi.

» Lille, qui a vu disparaître par les malheurs des temps la plupart de ses édifices religieux, ne pouvait rester en arrière dans ce magnifique mouvement de réédification des choses sacrées. Elle n'a pas voulu qu'il en fût ainsi, et nous l'en félicitons du plus profond de notre cœur.

» Nous consacrons aujourd'hui la première pierre d'une splendide église, sous l'invocation de Notre-Dame de la Treille, la bien-aimée patronne de la ville de Lille.

» Sur ce lieu même, berceau de la vieille cité de vos pères, s'élèvera bientôt un monument remarquable par le sentiment qui préside à son érection. Grâce à la noble émulation qui s'est emparée de notre population si intelligente et si catholique, une souscription spontanée s'est ouverte pour couvrir les premières dépenses de cette insigne église.

» C'est le propre de votre diocèse, Monseigneur, vous le savez: Il se passionne pour le bien, pour le beau. On sait y employer généreusement la fortune conquise par le travail probe et laborieux : nulle contrée n'est plus disposée à secourir l'indigence, nulle contrée n'est plus disposée à concourir à tout ce qui est véritablement utile, grand et moral.

» Nous assistons, Messeigneurs et Messieurs, à un spectacle dont la majesté nous remplit de joie ; au milieu des cérémonies d'un jubilé séculaire, en présence de tant d'illustres prélats, princes de l'Eglise par leur savoir et surtout par leurs vertus, en présence de notre vénérable Archevêque qui fait de sa mission sur la terre un véritable apostolat, la religion a jeté, dans ce terrain consacré, une semence qui grandira et portera, personne n'en doute, des fruits dignes d'être légués aux générations à venir.

» Que les générations se réjouissent donc d'être conviées à de si augustes fêtes, qu'elles aient foi et confiance : Dieu et l'Empereur veillent sur nous.

» Des temps meilleurs sont arrivés, et selon les éloquentes paroles de Bossuet nous pouvons dire :

« L'autel se redresse, le temple se rebâtit, les murailles de » Jérusalem sont relevées. »

III. — Lettre écrite à la Commission de l'Œuvre par le chargé d'affaires d'Espagne en Belgique, et délégué par la reine Isabelle pour la représenter à la cérémonie du Jubilé.

« Messieurs,

» J'ai reçu la lettre que vous m'avez fait l'honneur de m'adresser le 15 courant.

» De retour de la mission que Sa Majesté, ma gracieuse Souveraine, avait bien voulu me confier, je me suis empressé de porter à sa haute connaissance le bienveillant accueil que, comme représentant de son auguste personne, j'avais reçu à mon arrivée à Lille, et tous les sentiments de reconnaissance qui m'avaient été exprimés pour la preuve de bonté et de dévotion que Sa Majesté avait bien voulu donner en cette occasion.

» Je ne doute pas, Messieurs, que la Reine ne veuille prouver d'une manière plus authentique ses sentiments de haute dévotion pour Notre-Dame de la Treille, sainte patronne de votre ville. Je me plais à croire que bien peu de temps ne s'écoulera sans que ce qui n'était qu'une pensée, qui avait pris naissance dans les preuves répétées que Sa Majesté la Reine a toujours données de ne point porter en vain le titre de Catholique, ne se convertisse en un fait irrécusable pour la ville de Lille.

» Pour ma part, quel que soit l'avenir qui peut m'être réservé dans ma carrière, je garderai toujours les meilleurs souvenirs de ma mission à Lille, et dans toute occasion, veuillez croire, Messieurs, à ma reconnaissance pour les paroles trop flatteuses pour ma personne que votre lettre contient, et agréer les assurances de ma considération distinguée.

» Le chargé d'affaires d'Espagne,

» E. SANCHO. »

IV. — Allocution prononcée par Sa Grandeur Mgr l'Archevêque de Cambrai, le 18 avril 1858, dans la chapelle provisoire de Notre-Dame de la Treille et Saint-Pierre.

« Vous savez, m. t. c. f., dans quel but je suis venu offrir le saint sacrifice sur ce simple et pauvre autel ; je l'ai fait pour me mettre avec vous spécialement sous la protection de Notre-Dame de la Treille, pour appeler ses bénédictions sur la ville de Lille, sur le diocèse tout entier.

» L'Eglise a traversé de cruelles épreuves ; en France et dans toute l'Europe, la foi s'est amoindrie ; aujourd'hui un travail de rénovation commence ; dans un certain monde, on comprend les œuvres philanthropiques ; à Lille, la charité se montre infatigable, le malheureux est abondamment secouru. Continuez, multipliez vos aumônes. Ces œuvres sont excellentes, parce que Jésus-Christ tient comme fait à lui-même tout ce qu'on fait au moindre des siens ; mais bâtir des temples au Seigneur, c'est donner directement à Dieu, c'est par cela même une œuvre essentiellement méritoire. Notre-Seigneur a pris soin de nous l'enseigner.

» Madeleine verse des parfums d'un grand prix sur les pieds du Sauveur ; les apôtres lui reprochent cette prodigalité ; Notre-Seigneur les en reprend : « Vous aurez toujours des pauvres » parmi vous, et vous ne m'aurez pas toujours. »

» L'obole de la veuve est versée dans le trésor du temple, et cette action est donnée en exemple à tout l'univers.

» Si Dieu promet le ciel pour un simple verre d'eau donné en son nom, quelles faveurs n'accordera-t-il pas à celui qui, élevant un temple en son honneur, étend son règne et propage son culte! Nous comprendrions sans effort ces grands enseignements de l'Evangile, si nous étions plus profondément pénétrés des vérités de la foi.

» La construction de Notre-Dame de la Treille serait partout une grande œuvre; mais à Lille, c'est encore plus, c'est un devoir. Tandis que toutes les principales villes de France, toutes les villes tant soit peu importantes du diocèse, ont un sanctuaire spécialement consacré à la Mère de Dieu, Lille, cité de la Vierge, Lille, la plus grande ville du Nord, Lille seule n'en a pas. C'est une lacune, c'est presque un scandale, il faut le faire cesser.

» Je connais des villes moitié moins populeuses que la vôtre qui possèdent neuf ou dix paroisses. Lille est loin d'avoir le nombre d'églises dont elle a besoin. Les résultats déjà obtenus dans cette chapelle si fréquentée en sont une preuve évidente.

» Nous n'avons pu l'autoriser que d'une manière tout à fait provisoire, en attendant le monument qui s'élève. Nous sommes ici comme les Israélites sous la tente; ils attendaient le temple. Qu'il s'élève donc, vaste et splendide; c'est la meilleure et la plus belle des œuvres que l'on puisse faire à Lille. J'y attache une importance capitale.

» Des jours mauvais ont accumulé les ruines; relever, expier, réparer, c'est là notre tâche.

» Les générations sont solidaires; nous le voyons dans l'Ecriture. Nos pères ont mangé la grappe verte, les dents des enfants sont encore agacées. Dieu ne punit pas toujours sur-le-champ les coupables, il multiplie les avertissements; mais quand le crime se perpétue, lorsque les pères donnent à leurs enfants l'esprit du mal avec la vie, il arrive un moment où la mesure est comblée, où la miséricorde fait place à la justice.

» Il se fait un grand bien à Lille, mais il reste immensément à faire. Notre-Dame de la Treille sera à la fois pour toute la population un mérite et une solennelle réparation. Elle est destinée dans les desseins de la Providence, à épargner à Lille de grands malheurs et à lui assurer une durable prospérité.

» Cette Œuvre sera une occasion de salut pour un grand nombre. Elle élèvera à Dieu les pensées et les cœurs. Tout en travaillant à votre sanctification, vous contribuerez à celle de beaucoup d'autres, et par vos sacrifices vous participerez à tout le bien qui se fera dans la suite. Comme premier pasteur, comme chef du diocèse, je remercie surtout la Commission des soins et de la prudence qu'elle apporte à la direction de l'entreprise qui lui a été confiée. Elle rencontrera sans doute des obstacles et des contradictions. Il ne peut en être autrement. Qu'elle ne se décourage pas, qu'elle persiste, et le succès est assuré.

» Le gouvernement s'est montré constamment bienveillant. Les moyens d'action qu'il a autorisés trouveront partout un accueil favorable. Quoique Lille ne soit pas la ville épiscopale, tout le diocèse secondera une entreprise qui a pour but l'honneur de la religion et la gloire de Marie.

» Mais c'est Lille tout particulièrement qui doit se signaler. Il faut que chaque habitant apporte sa pierre à Notre-Dame de la Treille. Il n'y a pas de mère qui n'ait à demander pour ses enfants, pas de famille qui n'ait besoin de la Patronne de Lille pour tous ses membres, pour ses intérêts même temporels ; Dieu permet qu'on les lui recommande. Le plus pauvre ouvrier voudra apporter son offrande, et lui aussi pourra dire : NOTRE ÉGLISE.

» Persévérance donc, volonté unanime, et vous réussirez, je n'en doute pas, je n'en veux pour preuve que ce qui se passe dans cette humble chapelle. Le zèle des bons religieux que j'y ai appelés a déjà produit des fruits abondants. Le sang divin y coule chaque jour pour le salut des âmes ; des confessions, des communions multipliées, des retours consolants, voilà ce qui appelle et qui montre tout à la fois la protection divine.

» Quand nous prions la Vierge Marie, notre Médiatrice auprès de Jésus, nous lui disons : « Sainte Marie, Mère de Dieu, » priez pour nous maintenant et à l'heure de notre mort. »

Quelle consolation ne sera-ce pas pour chacun de se rappeler au
lit de la mort, qu'il a travaillé au temple de Marie, et d'entrevoir
déjà la récompense que son Fils lui prépare !

» Prions Notre-Dame de la Treille de bénir tous ceux qui
participent à l'Œuvre, et de mener à bonne fin cette entreprise
si bien commencée. »

———

V. — Lettre de Mgr Valerga, patriarche de Jérusalem, grand-maître de l'Ordre du St-Sépulcre, etc., etc.,
en réponse à une lettre de la Commission de l'Œuvre de
Notre-Dame de la Treille et Saint-Pierre, accompagnant
l'envoi d'un titre de fondation, confié à MM. Félix
Gennevoise et Cambier de Lille, pèlerins de Terre-Sainte
en avril 1860. Cette réponse était accompagnée d'un
reliquaire contenant un fragment du mont Calvaire et des
parcelles de la Crèche de Notre-Seigneur.

Jérusalem, 20 avril 1860.

« Messieurs,

» Les deux jeunes ecclésiastiques qui sont venus représenter
cette année, le diocèse de Cambrai auprès du Golgotha et du
divin tombeau du Sauveur, m'ont remis les pièces que vous
avez eu la bonté de leur confier pour moi. Je saisis l'occasion
de leur retour en France pour vous faire agréer mes remer-
ciments, et vous dire que j'ai été très-touché de la pensée que
vous avez eue de m'offrir un titre de fondation de l'Œuvre
religieuse et monumentale que vous avez entreprise avec un

dévouement que Dieu bénira, et qui vous fera triompher des difficultés dont sont toujours accompagnées les Œuvres qui ont pour fin la gloire de Dieu, l'honneur de l'Eglise et le bien des âmes. Mes sympathies les plus vives, messieurs, vous sont acquises, et si une bénédiction puisée au divin Sépulcre de Notre-Seigneur Jésus-Christ peut vous être agréable et avancer votre belle et chrétienne entreprise, je vous l'envoie dans toute l'effusion de mon âme.

» Pour répondre au pieux désir que vous m'exprimez, je voudrais, messieurs, pouvoir vous envoyer un objet de piété digne du monument qui s'élève en l'honneur de Notre-Dame de la Treille et Saint-Pierre. Mais dans le dépouillement complet où les vicissitudes des temps ont laissé l'Eglise de Jérusalem en ce qui touche les nombreuses et précieuses reliques de la Passion, je n'ai malheureusement à vous offrir qu'un petit fragment du mont Calvaire et un peu de poussière de la Crèche du Fils de Dieu fait homme. Le petit et misérable reliquaire qui renferme ces objets, vous rappellera nécessairement la pauvreté du Dieu de la crèche.

» Les catholiques et les ecclésiastiques du diocèse de Cambrai se rappelleront ces vieux temps de foi ardente, où le même diocèse envoyait des caravanes de nombreux pèlerins consoler les ruines et les douleurs de Jérusalem.

» Avec mes encouragements, agréez l'expression de la haute estime et de la parfaite considération avec lesquelles

» J'ai l'honneur d'être, messieurs,

» Votre très-humble et dévoué serviteur en N.-S.

» † J. *Patriarche de Jérusalem.* »

VI. TITRES DE FONDATION

DE

L'ÉGLISE MONUMENTALE

DE

N.-D. DE LA TREILLE ET St-PIERRE

—◦⟨⊠⟩◦—

CINQUANTE-DEUX MESSES PAR AN A PERPÉTUITÉ.

Elever à la puissante Patronne de Lille une Eglise monumentale digne de la Mère de Dieu ;

Acquérir ainsi un droit inaliénable à la protection de Marie pour soi et pour les siens ;

Répondre à la proclamation du dogme de l'Immaculée Conception par un *ex-voto* splendide qui soit pour les populations du nord de la France ce que Notre-Dame de la Garde et Notre-Dame de France sont pour le midi et le centre :

N'est-ce pas là une de ces Œuvres capitales qui ont le droit d'exciter les sympathies des catholiques de tous les pays ?

N'est-ce pas un grand acte de foi auquel chacun s'estimera heureux de participer par une légère offrande ?

Les titres de fondation ont pour but d'offrir à tous, au pauvre comme au riche, un moyen facile d'apporter sa pierre à Notre-Dame de la Treille.

On distingue quatre sortes de titres, mais tous donnent droit aux mêmes avantages spirituels :

1º Pour la 1re catég., on fait un don minimum de 100 fr.

2º Pour la 2e   —   —   25 fr.

3º Pour la 3e   —   —   5 fr.

4º Pour la 4e   —   —   1 fr. 50

On espère que l'amour de la sainte Vierge inspirera fréquemment la bonne pensée de dépasser les offrandes indiquées.

CONDITIONS ET REMARQUES UTILES

1° Chaque possesseur de titre reçoit , comme pièce apparente et authentique de sa part de fondation , une vue intérieure de la chapelle destinée à recevoir l'image miraculeuse. Cette feuille, véritable œuvre d'art , varie de grandeur et de beauté, de manière à indiquer l'importance de l'offrande.

2° L'acquisition du titre est personnelle, c'est-à-dire que la messe de chaque samedi n'est que pour la personne qui fait un don ou pour laquelle on le fait.

3° Les noms, prénoms, titres, etc., de tout possesseur d'un titre de fondation seront inscrits sur un registre religieusement conservé dans les archives de Notre-Dame de la Treille.

4° Les titres se prennent pour les défunts comme pour les vivants. Ainsi on peut demander un titre pour un père, pour une mère, un ami ou un frère décédés, et leur procurer ainsi tous les avantages qui y sont attachés.

5° Le titre qu'on a reçu continue son effet après la mort pour le soulagement de l'âme.

6° Une messe est dite à perpétuité chaque samedi dans l'église monumentale de N.-D. de la Treille et St.-Pierre, à l'intention de tous les fondateurs , soit vivants, soit décédés.— Cette messe, célébrée pour la première fois le samedi 6 novembre 1858, en la Chapelle Provisoire, est dite à la Crypte depuis le 4 juin 1859.

7° Le dépôt général des titres de fondation se trouve chez M. l'abbé Demarbaix, rue de l'Arc, 11. On remettra aux personnes zélées qui voudront travailler à placer des titres, des notices sur l'Œuvre avec des renseignements utiles.

8° Les personnes aisées et charitables feront une œuvre très-méritoire en procurant des titres à ceux qui se trouveraient dans l'impossibilité d'en acquérir, de manière que l'on puisse voir bientôt tous les habitants de Lille fondateurs de l'église monumentale de Notre-Dame de la Treille et Saint-Pierre.

VII. — Programme des conditions relatives aux pierres commémoratives à placer dans les cryptes de l'église monumentale de Notre-Dame de la Treille et de Saint-Pierre.

1° Les pierres commémoratives pour les familles seront concédées à la condition d'un don en faveur de l'Œuvre.

2° Les dons seront variables selon la grandeur de la pierre et la place qu'elle occupe.

Il sera formé ainsi sept catégories comme suit :

1re catégorie pour un don de		10,000 fr.
2e —	—	8,000
3e —	—	6,000
4e —	—	4,000
5e —	—	2,000
6e —	—	1,000
7e —	—	500

3° Les places destinées aux pierres des diverses dimensions seront indiquées sur un plan qui sera établi par les soins de la Commission, et qui sera adressé aux personnes qui en feront la demande.

Le plan fera connaître, pour chaque catégorie, les places restées libres.

4° Pour faciliter aux familles l'acquisition des pierres commémoratives des quatre premières catégories, il sera tenu compte des sacrifices déjà accomplis en faveur de l'Œuvre de la manière suivante :

La moitié des souscriptions payées par la famille entière (père, mère, fils et filles, gendres et belles-filles), au moment où la demande sera faite, sera applicable à l'acquisition des pierres, sans jamais pouvoir être comptée pour plus de la moitié du prix affecté à la pierre, selon la catégorie.

Dans le cas où cette moitié ne serait pas atteinte, la différence resterait à la charge de la famille concessionnaire.

Les dispositions qui précèdent ne seront applicables qu'à ceux qui prendront part à la nouvelle souscription décennale faisant suite à celle qui expire au 31 décembre 1865.

5° Une pierre ne pourra servir que pour les descendants en ligne directe du chef de la famille qui en aura obtenu la concession.

6° Le paiement devra être terminé en cinq ans.

7° Les noms des défunts seuls sont inscrits. Toutefois les pierres pourront être décorées et placées aussitôt après l'acquisition.

8° La pierre et les lettres à inscrire au moment de la pose sont aux frais de l'Œuvre.

9° Les inscriptions postérieures sont payées par la famille d'après un tarif convenu.

Il en sera de même de l'ornementation plus ou moins riche au gré des concessionnaires.

10° Les inscriptions et ornements sont gravés d'après les dessins et sous la direction de l'architecte et le contrôle de la Commission.

11° Les demandes de concessions seront inscrites par ordre de date. Les concessionnaires auront le choix parmi les places restées libres, dans la catégorie à laquelle appartient la pierre qui les concerne.

VIII.— Note relative aux plans et dessins appartenant à l'Œuvre.

Aux termes du Programme relatif au Concours archéologique, les plans et dessins dépendant des projets couronnés devaient rester la propriété de l'Œuvre.

Les trois projets qui ont obtenu les prix se composaient comme suit :

1er prix. — Douze dessins d'une exécution remarquable et présentant un grand mérite sous le rapport iconographique.

Le premier prix portait pour devise : *Fœderis arca*. Il a pour auteurs MM. Henri Clutton et William Burges, de Londres.

Voici comment le Rapporteur du Concours, M. Lemaistre d'Anstaing s'exprimait au sujet de ce projet :

« Enfin, nous terminons cette longue revue en offrant la
» palme enviée au projet : *Fœderis arca*. Distinguons ici l'œuvre
» du constructeur et celle du décorateur, celle de l'architecte
» et celle de l'archéologue. Si les dispositions architectoniques
» n'ont pas toujours été prises avec tout l'énergique élan qu'on
» pouvait désirer, l'artiste s'est montré constamment dirigé par
» une sagacité profonde et un sentiment élevé de l'art....

» En même temps que les combinaisons de l'art de bâtir se
» faisaient apprécier par une admirable mesure, la partie de
» l'ornementation provoquait notre intérêt par l'originalité la
» plus piquante et un luxe d'idées que nous eussions en vain
» cherché ailleurs.... »

2e prix. Vingt-deux dessins.

Le projet était présenté sous la devise : *Quam dilecta taberna-*

7

cula. Il a pour auteur M. Georges Edmund Street, d'Oxford (Angleterre), membre de la Société ecclésiologique.

« A une connaissance approfondie de l'art ogival, disait le
» Rapporteur, l'auteur joint une rare puissance de conception
» qui se manifeste dans les détails comme dans l'ensemble....
» Si la vigueur plutôt que la grâce signale généralement cette
» remarquable création, l'élégance trouve sa place dans le
» *ciborium* où elle s'associe à une véritable splendeur. »

3ᵉ prix, sous la devise : *L'éclectisme est la plaie de l'art.*
Dix-neuf dessins.

L'auteur est M. Lassus, architecte du gouvernement, à Paris, dont l'art archéologique et architectural déplore la perte récente.

Le Rapporteur disait au sujet de ce projet :

« Le style adopté frappe par sa noble simplicité et la perspec-
» tive intérieure surtout, présente un caractère de beauté sévère.
» Tout l'édifice accuse un grand savoir, un esprit élevé, une
» main habile et cette délicatesse de goût que perfectionne l'étude
» assidue des grands modèles. Nous aurions seulement souhaité
» que l'auteur se fut plus constamment livré à l'inspiration qui
» préside à plusieurs parties de sa grande composition.... »

4º Les plans du R. P. Martin, se composent de deux dessins de façade, d'une coupe en largeur ou transversale, d'une coupe en longueur, de divers dessins de la chapelle de la Sainte-Vierge, d'une coupe en largeur de ladite chapelle, et de dessins représentant quelques travées extérieures.

En entrant dans le détail qui précède, nous avons eu en vue d'abord de présenter un inventaire exact des précieux documents qui appartiennent à l'Œuvre, et ensuite de faire apprécier l'importance des richesses artistiques qu'ils renferment et dont notre Œuvre aura à profiter.

IX. — Note indiquant les proportions de surface entre les parties achevées, ou à construire prochainement, de l'église de Notre-Dame de la Treille et Saint-Pierre et les diverses églises de Lille.

	Mèt. carr.
Eglise Saint-André.	1268
— Sainte-Catherine	1160
— Saint-Etienne.	1184
— Saint-Sauveur.	1672
— Saint-Maurice.	2207
— de la Madeleine.	996
Chapelle de l'Immaculée-Conception. . . .	480
Eglise Notre-Dame de la Treille et Saint-Pierre	
Crypte, portion achevée.	550
Surface supérieure correspondant à la portion de la Crypte achevée et à celle dont les fondations sont faites.	1280

(L'ensemble de cette surface représenterait la grandeur comparative de la portion de l'église qui pourrait servir provisoirement de paroisse).

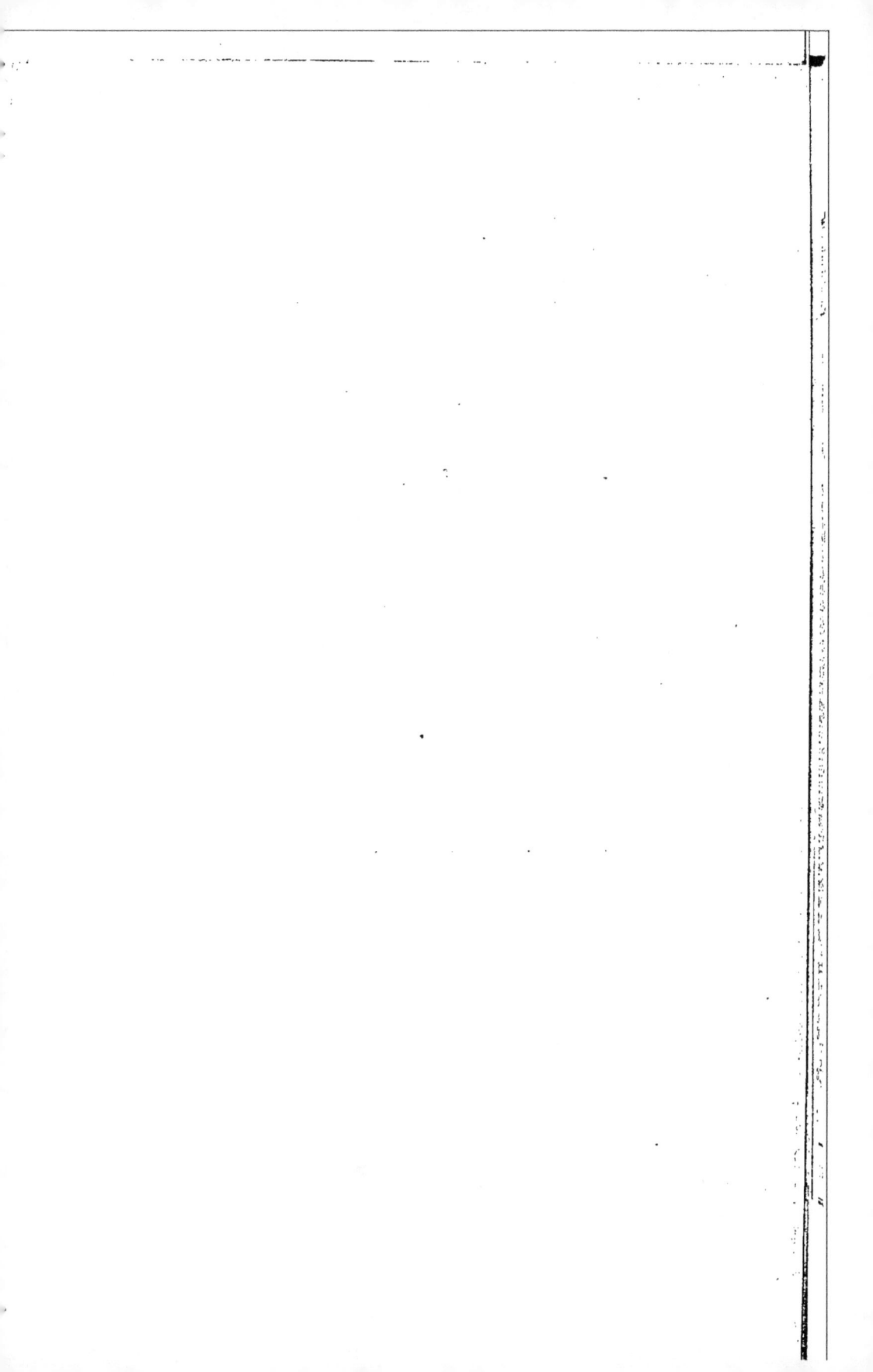

DÉPENSES EFFECTUÉES

#	NATURE DES DÉPENSES	ANNÉE 1854	ANNÉE 1855	ANNÉE 1856	ANNÉE 1857	ANNÉE 1858	ANNÉE 1859	ANNÉE 1860	ANNÉE 1861	ANNÉE 1862	1863 du 1er Janv. au 31 Août	TOTAUX généraux	OBSERVATIONS
1	ACQUISITION DU TERRAIN — Prix principal. { Acte du 30 juin 1854	60,000 »	29,000 »				140,000 »					69,000 »	
	Acte du 29 juin 1859						349 40					149,000 »	
2	Frais d'enregistrement, d'actes, honoraires, etc.	29,679 39	1,932 63									22,948 33	
3	Sondage du terrain et levée des plans	50 »	100 »									150 »	
	Pose de la première pierre	917 85	4 »									921 95	
4	CONCOURS — { Frais divers			2,149 33								2,149 33	
	Dépenses pour médailles			3,562 »								3,562 »	
	Prix			13,000 »								13,000 »	
	Frais de plans définitifs			2,420 »								2,420 »	
5	Frais de premier établissement					573 »			1,372 25			1,847 25	
6	Frais d'impressions		747 25		226 20	162 95	100 »	32 30	1,921 85			3,387 43	
7	Menues dépenses		956 55	54 60	697 80	138 20	207 80	740 93	223 15	» »	369 35	2,277 24	
8	Intérêts de fonds empruntés	194 25						5,841 75		3,178 44		11,904 44	
9	Intérêts, pendant un an, d'une somme de 26,000 fr. qui restait due sur le prix du terrain acquis en 1854.		1,000 »									1,000 »	
10	Contributions, frais d'assurance et annonce d'arrentement		1,187 80	2,379 91	2,250 50	1,632 30	2,344 27	3,720 44	4,444 60	430 »		18,454 81	
11	Honoraires de l'architecte			1,000 »	4,827 89	3,645 64	4,596 66	3,336 02	3,351 84	962 78		29,504 83	
12	Forages des fondations, puits, pour pieux, etc.			584 57	347 72		608 80	167 75				1,338 90	
13	Terrassements et bétons			24,220 96	33,132 90	3,404 07	43,194 21					104,041 16	
14	Maçonnerie			1,782 60	6,625 80	9,846 46	5,445 64	6,512 74	2,135 41	» »	1,920 »	34,372 72	
15	Charpente			5,572 74	3,357 56	3,403 19	3,982 68	3,810 15	2,049 57	606 75	3,396 »	30,760 58	
16	Serrurerie				842 74	492 94	677 83	2,312 38	529 96	182 70	386 15	5,417 03	
17	Plomb				70 80	650 33	475 43	162 76				1,368 03	
18	Ferblanterie				224 95	48 35	484 42	442 38	329 02	788 93		2,328 82	
19	Vitrerie				34 60	89 55	499 93	334 35	64 98			987 14	
20	Peinture				152 71		505 97	162 91	686 42		116 »	1,804 01	
21	Platonnage et enduits							304 93	2,578 95	605 92	216 50	3,353 80	
22	Couverture				253 07	859 89	295 68	944 69				2,362 33	
23	Taille des pierres				9,067 45	16,278 70	20,584 72	17,823 94	12,364 94	8,677 60	6,535 56	81,989 93	
24	Sculpture					11,500 »	3,306 »	5,710 »	13,815 »	10,217 50	4,816 »	36,484 50	
25	Gresserie					2,480 »			3,000 »			22,966 »	
26	Sable			350 »	1,370 80	743 46	313 50	805 »	797 »			3,925 70	
27	Chaux			804 56	9,371 09	2,305 17	856 35	1,578 50	630 80			8,530 91	
28	Reliques			4,968 26	13,375 06	3,292 00	1,572 45	5,582 08	457 47	129 40	801 95	32,957 29	
29	Pierres blanches				4,926 80	7,642 80	21,842 67	18,185 25	11,532 71	2,970 50	4,367 12	68,166 64	
30	Pierres blanches				7,750 83	5,930 64	5,787 46	2,691 14	3,977 06		1,608 13	23,381 25	
31	Bois			1,199 95	6,938 58		5,882 77	4,621 49	349 87	126 48	8,596 98	22,316 23	
32	Chapelle provisoire, hangard, maison du concierge, y compris les frais d'ameublement et les dépenses relatives au culte.				8,215 66		644 83	423 »	342 30	319 50	278 50	10,223 42	
33	Matériel, engins				340 64	1,159 84	259 62	220 10	227 01		280 40	2,471 16	
34	Frais de transport et de camionnage				6 152 53	8,532 87	5,978 36	2,447 67	4,531 63	22 40	4,883 09	28,816 00	
35	Garde des travaux					85 25	832 23	1,699 50	1,117 00	1,193 65	795 95	5,119 50	
36	Extraction de la pierre de Lezennes					2,360 »	1,896 »	580 50	844 87	233 »	233 »	5,446 37	
37	Entretien des bâtiments d'habitation							564 46	373 »	236 11		1,793 84	
38	TERME DE FONDATION — Frais de bureau, ports, messageries, etc.					311 64	390 79	27 45	12 »			581 55	
	Traitements et gages					305 35	540 80	121 »	38 »			1,025 95	
	Frais d'impressions et de lithographie					5,246 15	2,884 15	1,280 35				3,235 35	
39	Honoraires et frais de voyage					709 »	282 50					253 50	
	Intérêts sur une somme de 60,000 fr. restant due sur le prix du terrain acquis par acte du 29 juin 1859						1,500 »	3,000 »	3,000 »	1,500 »		9,000 »	
	TOTAUX	64,831 80	35,168 23	63,727 95	120,446 64	85,775 53	282,858 80	93,105 57	79,386 62	30,601 90	34,199 67	895,343 30	

RECETTES EFFECTUÉES

Nos d'ordre	NATURE DES RECETTES	ANNÉE 1853	ANNÉE 1854	ANNÉE 1855	ANNÉE 1856	ANNÉE 1857	ANNÉE 1858	ANNÉE 1859	ANNÉE 1860	ANNÉE 1861	ANNÉE 1862	1863 de 1er janv. au 31 août.	TOTAUX généraux	OBSERVATIONS
1	Produit des souscriptions	. . .	62,464 90	38,010 10	68,525 53	66,831 50	79,181 30	45,770 25	57,739 90	36,177 70	25,173 50	23,000 50	400,785 15	
2	Produit des dons	100 »	5,860 90	8,021 30	2,057 30	20,554 75	26,530 30	12,865 10	7,385 »	2,930 »	3,335 50	7,000 »	95,661 36	
3	Don de S. M. l'Empereur	. . .	. . .	. . .	. . .	10,000 »	. . .	. . .	. . .	. . .	. . .	. . .	10,000 »	
4	Intérêts de fonds placés	. . .	44 11	. . .	1,369 32	. . .	. . .	. . .	377 78	. . .	. . .	. . .	1,625 21	
5	Produit des troncs et quêtes	. . .	. . .	. . .	. . .	852 69	1,852 70	5,143 76	2,974 22	2,963 35	196 92	752 90	14,736 50	
6	Produit de médailles frappées pour la Commission	. . .	. . .	. . .	. . .	. . .	427 35	. . .	. . .	. . .	. . .	. . .	427 35	
7	Produit des titres de fondation	. . .	. . .	. . .	. . .	. . .	16,335 30	46,559 30	6,365 30	1,530 30	1,500 »	1,000 »	67,335 29	
8	Produit des pierres commémoratives	. . .	. . .	. . .	. . .	. . .	. . .	10,000 »	. . .	. . .	. . .	4,000 »	14,000 »	
9	Remises accordées par le chemin de fer sur le transport des pierres	. . .	. . .	. . .	. . .	175 90	. . .	1,066 90	. . .	2,328 90	. . .	. . .	3,573 30	
10	Produit de la loterie	. . .	. . .	. . .	. . .	. . .	. . .	. . .	120,611 75	41,000 »	5,963 »	. . .	167,414 75	
11	Extraction de la pierre de Luzennes	. . .	. . .	. . .	. . .	. . .	3,426 04	. . .	600 »	. . .	. . .	. . .	3,626 04	Il reste à recouvrer une somme dont l'importance apparaître au compte final de l'exercice 1863.
12	Loyers de locaux	. . .	100 »	225 »	. . .	. . .	. . .	6,158 66	12,387 50	12,335 »	10,494 17	(*) . . .	42,350 33	(*) Le présent État s'arrêtant au 31 août de l'année courante, les sommes à provenir pour loyers de locaux, apparaîtront dans le compte définitif de l'exercice 1863.
13	Recettes imprévues, vente de vieux objets, etc.	. . .	. . .	. . .	. . .	. . .	. . .	2,379 72	404 »	. . .	. . .	455 »	3,179 72	
	TOTAUX	100 »	58,559 85	57,890 46	78,786 17	99,844 84	130,766 39	128,516 53	180,240 35	99,721 36	46,672 99	35,773 49	889,195 96	

Les DÉPENSES s'élevant à 885,512 50

RESTE EN CAISSE 3,682 36

XI. — TABLEAU GÉNÉRAL indiquant la nature des divers matériaux employés dans la construction de l'église de Notre-Dame de la Treille, les prix des matériaux, la pose et les noms des Entrepreneurs.

Nº d'ordre	NOMS des ENTREPRENEURS	NOMS ET PROVENANCE DES MATÉRIAUX EMPLOYÉS		PRIX DES TRAVAUX EXÉCUTÉS PENDANT LES ANNÉES						OBSERVATIONS
				1856-57-58	1859	1860	1861	1862	1863	
1	M. Louis Gosin.	Fouille de terre, compris transport, barrages, pontons, rampes et outillage	le mètre cube	2 50	2 80	»	»	»	»	Observation générale : Les années guillemetées sont celles où il n'a pas été affecté de travaux ou fournitures de l'espèce.
		Fouille de terre non compris transport	le mètre cube	» 40	»	»	»	»	»	
		Béton ordinaire, 1re qualité	le mètre cube	13 »	»	»	»	»	»	
		Béton fin pour le remplissage des voûtes et des culées et pour recevoir le pavement des cryptes	le mètre cube	15 50	»	»	»	»	»	
2	M. Layes.	Épuisement et battage des pieux	à la journée	2 55	»	»	»	»	»	
		Forage des puits de sonde pour enfoncer les pieux	la journée	3 33	3 33	»	»	»	»	
3	M. Dumon.	Petites poutres en sapin de 14 à 18 sur 4 à 7 m.	le mètre cube	60 »	62 »	»	»	»	»	
		Madriers de sapin rouge en 4	le mètre cour.	1 08	1 33	»	»	»	»	
		Crottas d'orme pour pal planches	Id.	» 30	»	»	»	»	»	
		Battans en sapin rouge.	Id.	» 75	» 72	»	»	»	»	
		Planches de bois blanc ordinaire	le mètre carré	1 08	»	»	»	»	»	
		Charpente de bois d'orme pour pieux	le mètre cube	60 »	»	»	»	»	»	
4	M. Messines.	Poutres de bois blanc de 34/32	le mètre cube	55 »	55 »	»	»	»	»	
		Planches de bois blanc ordinaire	le mètre carré	1 54	1 54	»	»	»	»	
5	M. Lambert, pour 1856, 1857, 1858 et 1859.	Crottas	le mètre cour.	» 33	»	»	»	»	»	
6	M. Vandermeersch, pour 1860, 1861, 1862 et 1863.	Briques rendues au pied d'œuvre	le mille	14 60 et 15 60	16 »	16 » et 13 30	13 30	»	10 50	
7	M. Bourgeois.	Sable d'Ostricourt, 1re qualité, rendu à pied d'œuvre	le mètre cube	4 20	4 75	3 »	5 50	5 50	5 50	
	MM. Barry, Hovine, Decuesnes, Dumon	Chaux de 1re qualité, rendue à pied d'œuvre	le mètre cube	18 » et 18 50	19 40	19 »	19 »	19 »	19 »	
8	MM. Moutury, J.-B. Hélin, Lebon	Maçonnerie de briques	le mètre cube	4 »	4 »	4 »	4 »	»	4 »	
		Id.	au 1000 de briq.	8 »	8 »	6 »	6 »	»	6 »	
		Plus value pour quartier de voûte	le mètre carré	1 66	1 00	»	»	»	»	
		Plus value pour arcs doubleaux et pénétrations.	le mètre carré	» 50	»	»	»	»	»	
		Plus value pour arêtes de formerets	le mètre cour.	» 40	»	»	»	»	»	
		Briques pour angles de pans coupés	le cent	10 »	»	»	»	»	»	
		Pose de la grosserie, compris transport des grés à pied d'œuvre	le mètre cube	8 »	»	»	9 50	»	»	
		Pose de la pierre bleue, compris transport	le mètre cube	11 »	9 50	9 50	9 50	9 00	0 50	
		Pose des escaliers, compris transport	le mètre cube	11 »	»	»	»	»	»	
		Pose des escaliers, compris transport	la marche	1 20	1 20	1 20	1 20	»	1 80	
		Rejointoiements de maçonnerie, compris ciselage des joints, et lavage pour { voûtes et parements, le mètre carré	partie cintrée	1 25	1 20	1 25	»	»	»	
			partie droite	1 10	1 10	1 10	»	»	»	
9	M. Prévost.	Pierres de Soignies, rendues à pied d'œuvre	le mètre cube	85 »	100 »	100 »	100 »	100 »	»	
10	MM. Devret, Havaux, Rivière	Pierres d'Écaussines	le mètre cube	36 »	56 »	95 »	»	»	»	
		Pierre blanche de roche fine et de vendresse	le mètre cube	65 »	68 73	68 73	60 73	»	»	
11	MM. Servoisier, Delan.	Pierre blanche, banc royal, chargée sur wagon, (Senlis, départ. de l'Oise).	Id.	42 »	»	»	»	»	»	
		Id. de santé et d'Hameret	Id.	30 »	50 73	50 73	30 73	»	»	
		Id. roche douce	Id.	35 »	»	»	»	»	»	
		Id. de Crouy	Id.	»	50 73	55 73	56 73	»	»	
		Id. de Paroy	Id.	»	56 73 et 57 73	50 73 et 57 73	56 73 et 57 73	43 »	»	
		Taille de la pierre bleue	le mètre carré	9 »	9 »	8 »	»	»	»	
12	MM. Zéphirin, Lebon	Taille à moulure	Id.	23 »	22 »	22 »	22 »	22 »	»	
		Escalier de la Crypte, taille fine, unie et retordue	la marche	25 »	25 »	25 »	25 »	25 »	25 »	
		Sciage de la pierre de liais et roche fine	le mètre carré	7 »	6 »	6 »	6 »	»	»	
		Pierre tranchée	Id.	5 »	4 »	4 »	4 »	»	»	
		Sciage du banc royal	Id.	5 »	»	»	»	»	»	

Nᵒˢ d'ordre	NOMS des ENTREPRENEURS	NOMS ET PROVENANCE DES MATÉRIAUX EMPLOYÉS		PRIX DES TRAVAUX EXÉCUTÉS PENDANT LES ANNÉES						OBSERVATIONS
				1856-57-58	1859	1860	1861	1862	1863	
12	MM. Zéphirin, Lebon . .	Taille des lits et joints de la pierre de liais et roche fine . .	le mètre carré	7 »	» »	» »	» »	» »	» »	
		Pierre de vergelet fine, sciage, taille des lits et joints . .	id.	8 »	» »	» »	» »	» »	» »	
		Épanelage des pierres, roche et banc royal, faces visibles .	id.	5 »	4 »	4 »	» »	» »	» »	
		id. roche fine et liais . . .	id.	6 »	6 25	6 25	6 »	6 »	6 »	
		Vergelet fin	le mètre carré	3 50	» »	» »	» »	» »	» »	
		Épanelage des pierres de liais et roche fine, pour les parties à moulure		2 75	» »	» »	2 75	2 75	» »	
		Ravalement des ogives de pénétration, escaliers des cryptes cintrés .		3 50	» »	» »	3 50	3 50	» »	
		Sur plan et élévation		» 50	» »	» »	» »	» »	» »	
		Trous de louve dans la pierre bleue . . .	à la pièce	» 40	» »	» »	» »	» »	» »	
13	M. Lefez	Grès, 1ʳᵉ qualité, de 1 m. sur 0,46 . .	le mètre cube	130 »	» »	» »	» »	» »	» »	
		id. de moindre dimension . .	id.	110 »	» »	» »	» »	» »	» »	
		id. de 0,35 de hauteur . .	id.	90 »	» »	» »	» »	» »	» »	
		Taille des doubleaux de 0,40 de hauteur . .	le mèt. c. de f.	22 »	» »	» »	» »	» »	» »	
		Taille fine des grès d'angle de 0,40 de hauteur . .	id.	20 »	» »	» »	» »	» »	» »	
		Taille des équarris de 0,40 de hauteur . .	id.	15 »	» »	» »	» »	» »	» »	
		Taille d'une fenêtre, compris le remplissage entre deux contreforts	à la pièce	340 »	» »	» »	» »	» »	» »	
		id. d'un appui . . .	id.	50 »	» »	» »	» »	» »	» »	
		id. d'une fuscane	id.	220 »	» »	» »	» »	» »	» »	
		id. de grès d'angle assise de 0,29 . .	le mètre de f.	14 »	» »	» »	» »	» »	» »	
		id. des équarris de 0,30 . . .	id.	9 »	» »	» »	» »	» »	» »	
14	M. Desplanque, pour 1856, 1857, 1858, 1859 et 1860. M. Olobian, pour 1861, 1862 et 1863. . .	Chanfrein	le mètre cour.	2 50	» »	» »	» »	» »	» »	
		Plomb laminé	les 100 kilog.	75 »	75 »	75 »	65 »	» »	65 »	
		CHARPENTE. POUR MAIN D'ŒUVRE :								
15	M. Saint-Aubert . .	Journée de chef ouvrier . . .		4 50	4 50	5 »	5 »	5 »	5 »	
		Journée d'ouvrier		» »	3 75	4 »	» »	4 75	4 »	
		id. id.		3 50	3 50	3 75	3 75	3 75	3 75	
		id. id.		3 25	3 25	3 25	3 25	» »	» »	
		id. demi-ouvrier . . .		2 75	» »	» »	2 »	» »	2 »	
16	MM. Labbé, Casimir, Boulanger . .	Sabots de pierre, clous de molle bande, boulons, etc. .	au kilog.	1 »	» 70	» 70	» 70	» 70	» 70	
17	MM. Minu, Rouze . .	Couverture en pannes rouges, compris latteaux .	le mètre carré	1 60	» »	» »	» »	» »	» »	
		Faîtières rouges	le mètre cour.	» 75	» »	» »	» »	» »	» »	
18	M. Bellaux, fab. de falots. .			»	»	»	»	»	»	Les travaux et fournitures ci-contre, d'une faible importance, comportent des détails indiqués par les factures et qui n'étaient pas de nature à trouver place ici.
19	M. Deflandre, vitrier . .			»	»	»	»	»	»	
20	M. Delannoy, cordier . .			»	»	»	»	»	»	
21	M. Sapin, mécanicien . .			»	»	»	»	»	»	
22	M. Samain, charron. .			»	»	»	»	»	»	
23	M. Clarisse, peintre . .			»	»	»	»	»	»	
24	M. Allard, plafonneur. .			»	»	»	»	»	»	

PIÈCES

ANNEXÉES

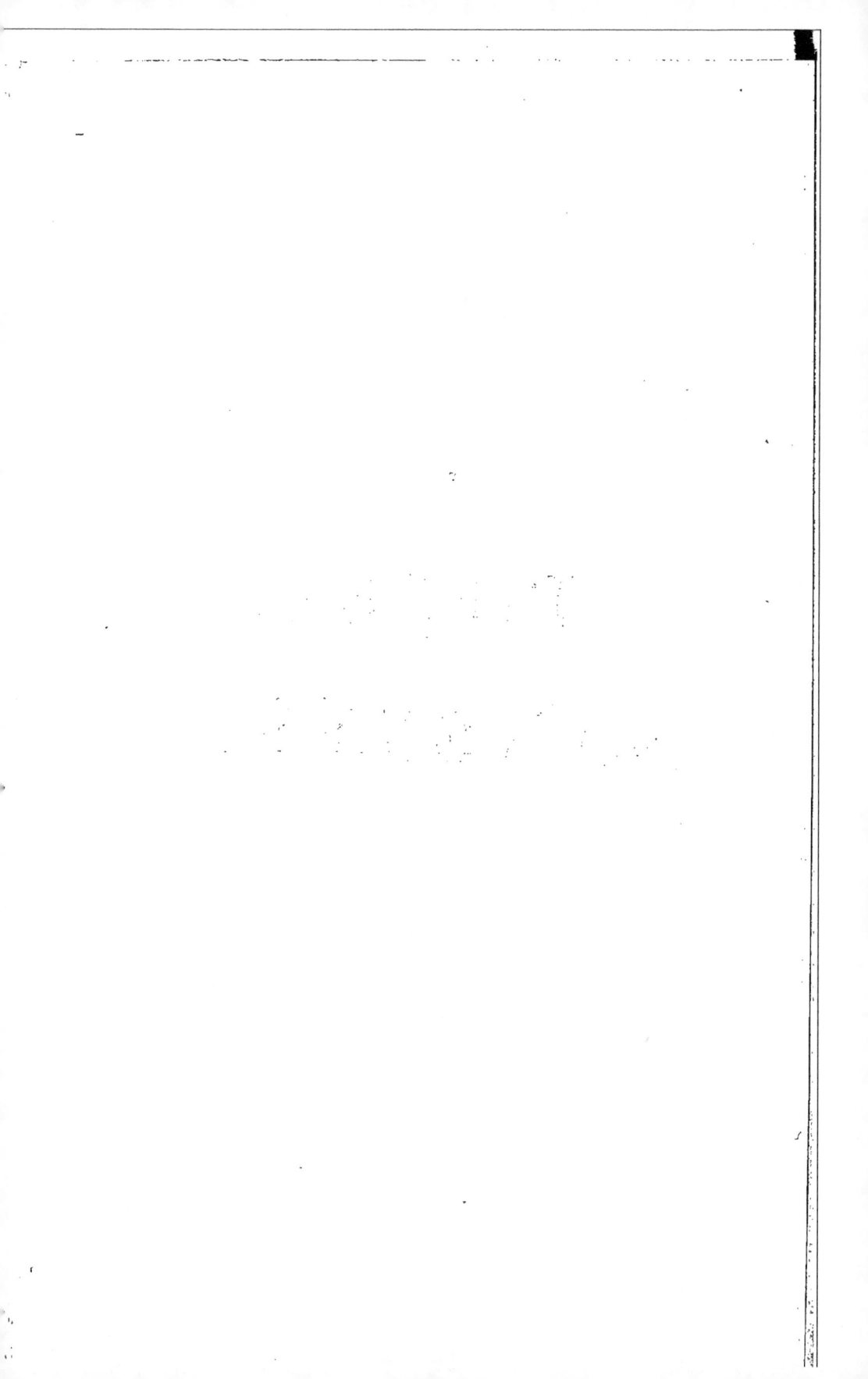

NOUVEL ESSAI

SUR L'HISTOIRE

DE LA COLLÉGIALE DE SAINT-PIERRE DE LILLE

Par M. A. DESPLANQUE,

ANCIEN ARCHIVISTE DE L'INDRE, ARCHIVISTE-ADJOINT DU NORD.

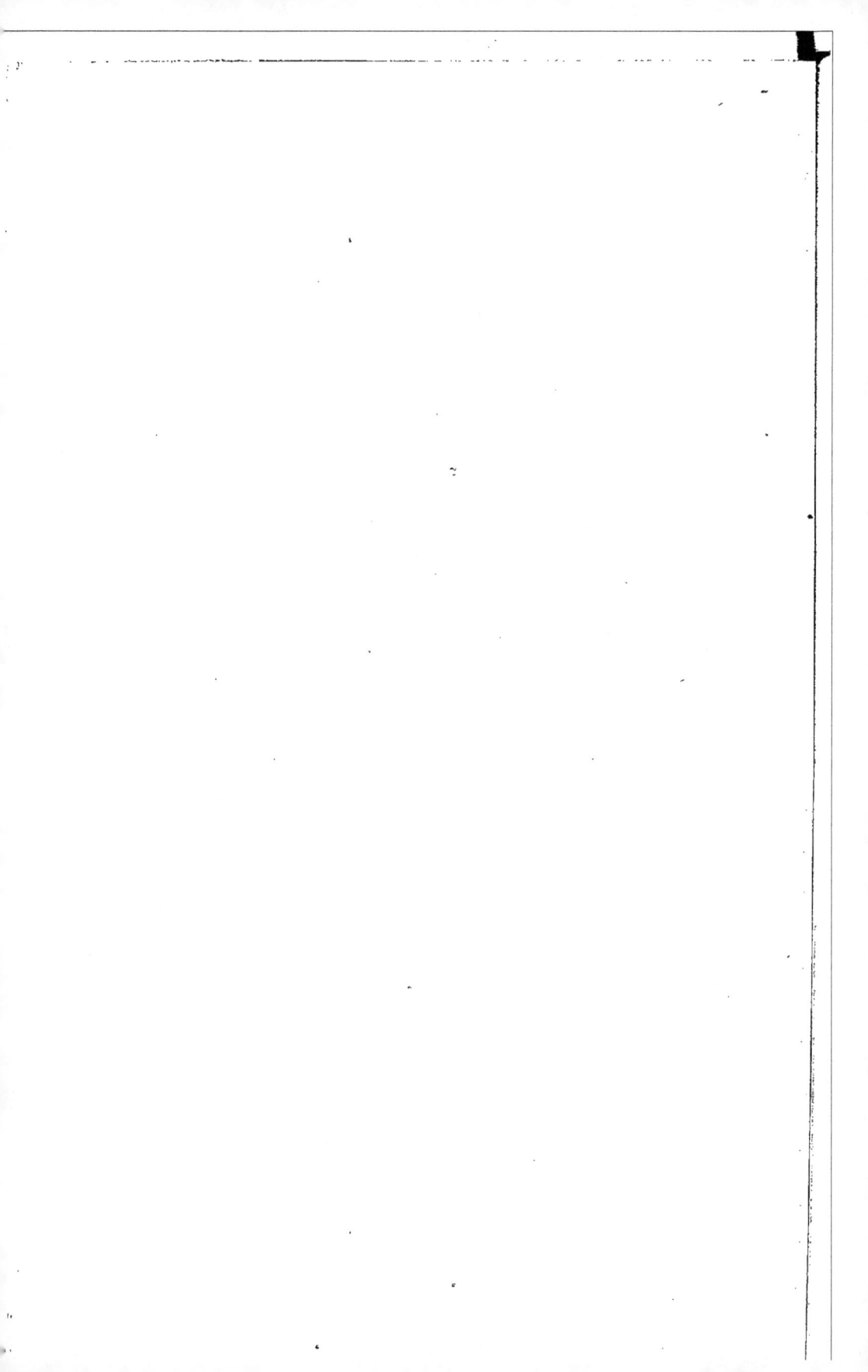

NOUVEL ESSAI

SUR L'HISTOIRE

DE LA COLLÉGIALE DE SAINT-PIERRE DE LILLE.

Le chapitre de Saint-Pierre de Lille tient une grande place dans l'histoire de la Flandre wallonne. Son origine se confond avec celle de la ville dont il porte le nom; ses développements ont puissamment contribué au progrès de la civilisation dans la campagne environnante; enfin sa longue et glorieuse existence est parallèle à celle du corps municipal de Lille, avec lequel il a longtemps partagé le gouvernement intérieur de la cité.

L'influence du chapitre de Saint-Pierre dans nos contrées n'est pas moins remarquable au point de vue artistique et littéraire qu'au point de vue social. La musique et les arts du dessin ont fleuri sous son aile. L'enseignement de ses écoles rivalisait, au moyen âge, avec celui des plus célèbres universités.

Sous le rapport religieux, l'insigne collégiale, avec ses quarante chanoines et les nombreux desservants attachés aux églises et chapelles de sa dépendance, satisfaisait aux nécessités du culte, aux fonctions du ministère sacerdotal. Elle entretenait la foi dans les masses et la discipline au sein du clergé, compensant ainsi les inconvénients qui résultaient de l'absence d'un évêché à Lille.

Les aspects si variés du sujet que j'aborde ne pouvaient manquer de tenter un certain nombre d'écrivains. Sans parler des historiens généraux de Lille qui ont consacré de longues et belles pages à retracer les vicissitudes du chapitre de Saint-Pierre [1], nous avons vu, depuis quinze années, se succéder, sur la même matière, des notices spéciales qui se recommandent par des qualités distinctes [2].

L'auteur du présent écrit n'a d'autre ambition que de résumer en quelques pages les travaux de ses devanciers, trop heureux s'il parvenait ainsi à réveiller des souvenirs qui touchent de plus près qu'on ne pense aux destinées de la cité lilloise.

[1] MM. Victor Derode, Henri Bruneel et Brun-Lavainne.

[2] *Notice sur l'ancienne collégiale de Saint-Pierre de Lille, dans ses rapports avec les institutions féodales et communales*, par M. Tailliar, conseiller à la cour d'appel de Douai, dans le Tome III du *Bulletin de la Commission historique du département du Nord*. Lille, Danel, 1849, 1 vol. in-8°.

Essai historique sur la collégiale de Saint-Pierre, à Lille, par Mme Froment. Lille, Lefort, 1850, 1 vol. grand in-8°.

La Gloire de Lille, coup d'œil sur la collégiale de Saint-Pierre, par M. Armand de Prat. Lille, Lefort, 1 br. in-8°.

Mémoire sur les archives du chapitre de Saint-Pierre de Lille, par M. le docteur Le Glay, garde des archives du Nord, correspondant de l'Institut. Lille, Danel, 1856, 1 br. in-8°.

Malgré le mérite de ces différents opuscules, et, comme l'a judicieusement remarqué M. A. Dupuis, « une monographie complète de la collégiale, d'après les sources, est encore à faire. » L'auteur du présent article entreprendra peut-être un jour ce travail, au moins en ce qui concerne la période du moyen âge.

—

I

Dans un îlot formé par deux bras de la Deûle, existait, au milieu du XIe siècle, un château-fort qui tirait de sa position au sein des eaux son nom de château de l'Isle (*castellum Insulense* ou *Islense*).

L'enceinte de ce château s'enfermait dans une autre plus vaste, du genre de celles qu'on appelait *burg*, et dans laquelle vivait, depuis un temps immémorial, une population de bourgeois (*burgenses*), qualification qui était loin d'impliquer, à cette époque, un affranchissement complet de servitude.

Le comte de Flandre, Bauduin V, augmenta les moyens de défense du *burg* de Lille. Trouvant sans doute le séjour de l'ancien château dépourvu d'agrément, il se construisit, sur un point de la ville contigu aux remparts, une résidence féodale qu'il décora du nom de *Palais de la salle;* il voulut qu'en face de sa demeure s'élevât un splendide édifice consacré au culte de Dieu, et il y institua un collége de chanoines [1].

La consécration de l'église Saint-Pierre eut lieu, au mois d'août 1066, avec un grand déploiement de pompe. Le

---

[1] Pour les questions qui se rattachent aux origines de la ville de Lille, on peut consulter, outre l'*Histoire générale* de M. V. Derode, la *Notice* du même auteur *sur la motte Madame*, insérée dans le tome II du *Bulletin de la Commission historique.* Voir aussi, dans la *Revue du Nord*, (3e année, n°s 4 et 5,) un excellent mémoire de M. Brun-Lavainne, au sujet des *fouilles pratiquées sur l'ancien terrain de Saint-Pierre.*

roi de France, Philippe Ier, pupille de Bauduin V ; le propre fils du comte de Flandre ; les évêques d'Amiens, de Noyon et de Térouane, accompagnés de leurs archidiacres ; les plus puissants seigneurs de la contrée, parmi lesquels Isaac, comte de Valenciennes, Robert de Béthune, avoué d'Arras, Wautier, châtelain de Douai, et Hugues, son frère, rehaussèrent par leur présence l'éclat de la cérémonie. On amena à Lille, pour cette solennité, toutes les reliques des saints du pays, et l'on fit don à la nouvelle église d'une portion de chacune d'elles. La collégiale acquit, en outre, du chapitre de Seclin, le corps entier de saint Eubert qui devint, dès lors, le patron de Lille [1].

Longue serait l'énumération des richesses dont Bauduin V combla le chapitre de Saint-Pierre. Indépendamment des biens-fonds et des rentes dont il l'investit, il lui abandonna un certain nombre d'églises, avec charge de les desservir [2].

La paroisse de Saint-Etienne qui, seule existait à Lille à cette époque, fut ainsi soumise à la juridiction du chapitre.

L'église de Saint-Maurice, qui était alors située hors des murs, dans un endroit appelé Fins (*Fines*), y fut

---

[1] Voir Buzelin (*Gallo-Flandria*, p. 309), et la page 3 d'une *Histoire manuscrite du chapitre de Saint-Pierre*, que nous aurons fréquemment l'occasion de citer dans le courant de notre travail. Cette histoire, ainsi que l'a prouvé M. le docteur Le Glay, a pour auteur *Antoine-Joseph Delécaille*, qui sortit du secrétariat de la collégiale en 1777.

[2] Il lui conféra des bergeries à Eessen, dans le Franc de Bruges, près Dixmude ; des *manses* (ou quartiers de terre) à Lomme, à Frelinghien, à Wachemy, à Lesquin, à Esquermes, à Ennetières, à Marquette et le long de la Marque, à Fourmestraux, à Deûlémont, à Marlière, à Halluin, à Flers, dans le territoire de Lille ; — à Mouscron, à Gulleghem, à Iseghem, dans

également soumise. Un espace de deux manses, concédé aux chanoines dans cette dernière localité, ne tarda pas à se couvrir de colons, qui, sous le nom d'hôtes de Saint-Pierre (*hospites Sancti Petri*), procurèrent un accroissement rapide de la population. En 1286, on annexa au *burg* primitif de Lille ce nouveau quartier, qui devait à la collégiale toute son importance [1].

La paroisse de Saint-Sauveur fut détachée, vers 1144, de celle de Saint-Maurice.

Les paroisses de Sainte-Catherine, de Saint-André et de la Madeleine qui, par la suite des siècles, prirent naissance hors des murs, furent successivement englobées dans la ville lors des agrandissements au moyen desquels Lille élargit son enceinte.

Le chapitre de Saint-Pierre conserva, jusqu'à la Révolution, une haute suprématie sur toutes les églises de la ville.

---

le territoire de Courtrai; — à Kemmel, à Langemarck, dans le territoire d'Ypres,

Chacun des chanoines obtint, aux portes de Lille, une maison avec jardin (*courtil*).

Des dotations spéciales furent créées en faveur du prévôt et du chantre.

Là ne s'arrêta point la munificence du fondateur. — Détachant de son domaine une portion des dîmes qui y étaient inféodées, il concéda au chapitre de Saint-Pierre les *bodes* [*] (parties inférieures) des églises de Wazemmes, d'Annapes, de Gulleghem; la moitié du bode de Roulers; la dîme de Salomé près La Bassée (*apud Bacedam*); les dîmes de Flenques, d'Elverdinghe et de Vlamertinghe.

[*] Pour l'interprétation du mot *Bode*, voir la note 3 de la page 116.

[1] Tailliar, *Mémoire précité*, § 8 et 16. — MM. Derode et de Contencin, *Notice sur l'église de Saint-Maurice*, dans le t. I du *Bulletin de la Commission historique*.

Dans la campagne, il ne fit (ainsi que nous le verrons), qu'étendre et fortifier son influence sous le double rapport spirituel et temporel.

Son fondateur lui avait, dès le premier jour, imprimé le caractère d'une grande institution civile et religieuse; et telle était l'importance des priviléges dont il l'avait doté, qu'en 1089 le comte de Flandre, Robert II, voulant accorder aux chanoines de Saint-Donat de Bruges, une faveur signalée, ne crut pouvoir mieux faire que de leur appliquer les libertés dont jouissait la collégiale de Lille [1].

II

La comtesse Adèle, digne compagne de Bauduin V, ne resta pas en arrière des pieuses libéralités de son épous. Ce fut elle qui se chargea de pourvoir à la dotation du trésorier de la nouvelle église. Elle lui abandonna l'autel de Deûlémont, à charge de célébrer une messe annuelle pour le repos de l'âme de son noble père, Robert le Pieux, roi de France; de distribuer aux pauvres, à l'issue de cette messe, une certaine quantité de pain et de fromage,

[1] L'acte de Robert II est imprimé dans *Miræus*, t. III, p. 566. — Celui de Bauduin V, que nous avons longuement analysé, figure dans la même collection, t. I, p. 65, t. III, p. 691, et dans *Le livre de Roisin* (édit. Brun-Lavainne, p. 217-220). — Voir les n°s 27 et 37 de l'*Inventaire chronologique et analytique des chartes de la chambre des comptes de Lille*, que publie en ce moment la Société des Sciences de ladite ville, d'après Denys Godefroy. (Lille, Lefebvre-Ducrocq, 1 vol. in-4°.)

et d'entretenir un luminaire perpétuel dans la crypte de Saint-Pierre.

Le chapitre reçut de la même princesse le village d'Arleux-en-Gohelle, dont les revenus furent affectés à *l'hôpital des clercs.*

Ce fut peut-être en exécution des charitables intentions de la comtesse que les chanoines s'imposèrent, dès l'origine, une double pratique fort touchante : *la pártition des pauvres ,* ou distribution hebdomadaire de pain aux indigents, et le *mandé* (ainsi appelé à cause de cette parole de la Cène : *mandatum novum do vobis*), qui consistait en ce que le célébrant, au sortir de la messe conventuelle, lavât journellement les pieds à quelques pauvres, et leur remît un pain, deux harengs, de la soupe et de la boisson [1].

Le souverain pontife Alexandre II, informé par Bauduin, évêque de Noyon et de Tournai, de la générosité que le comte et la comtesse de Flandre venaient de déployer envers la collégiale de Saint-Pierre, se hâta de confirmer leur fondation [2].

A peine la bulle pontificale était-elle arrivée à Lille, que le comte, accompagné du roi Philippe, d'Adèle son épouse, de Bauduin son fils, et de presque toute la noblesse du pays, se transporta à Gand pour assister à l'exhumation de saint Macaire, mort en 1012. Le chapitre de Lille obtint un bras de ce saint, qu'il déposa solennellement dans la collégiale [3].

Bauduin V ne survécut pas longtemps à cette dernière

[1] Delécaille, p. 11-18.

[2] Roisin (édit. Brun-Lavainne, p. 222).

[3] Delécaille, p. 19.

cérémonie. Il mourut le 1ᵉʳ septembre 1067 ; son corps fut inhumé dans le chœur de l'église Saint-Pierre, et on lui éleva un mausolée qui reçut plus tard cette inscription : CHI GHIT TRÈS HAUS, TRÈS NOBLES ET TRÈS PUISSANS PRINCES, BAUDEWINS LI DÉBONNAIRES, JADIS CONTES DE FLANDRES, LI ONZIMES, QUI FUNDA CESTE ÉGLISE ET TRESPASSA EN L'AN DE GRASSE MIL LXVII. DITES VOS *Pater noster* POUR S'AMÉ [1].

La veuve de Bauduin V, Adèle, se retira dans le couvent de Messines qu'elle avait fondé en 1065 : elle y mourut le 8 janvier 1080 [2].

III

Les donations ne cessèrent pas d'affluer dans l'église collégiale après le décès des fondateurs. Le comte de Flandre Robert II, se disposant à partir pour la croisade où il allait conquérir le surnom glorieux de *Jérosoly-mitain*, acheta de deux chevaliers, qui devaient l'accompagner dans son expédition, le *bode* de l'église de Lesquin, et il en fit don au chapitre de Saint-Pierre [3].

---

[1] L'inscription tumulaire de Bauduin V est rapportée par Millin (t. V, p. 46, des *Antiquités nationales*), et par Oudegherst (*Chronique de Flandre*, I. 253). — Le chapitre de Saint-Pierre adopta pour armoiries celles de son fondateur. Voir, à cet égard, une note de M. Imbert de la Phalecque, insérée dans le t. V. du *Bulletin de la Commission historique*.

[2] Delécaille, p. 21.

[3] *Miræus*, III, 665. anno 1096. — On distinguait dans les églises, au moyen âge le *bode* et l'*autel*. « L'*autel*, dit Delécaille (p. 11 et 12), était le lieu le plus élevé de l'église, où se tenoient les ministres du culte, ce qu'on appéloit

Le successeur de Bauduin sur les siéges réunis de Noyon et de Tournai, l'évêque Radbode, concéda aux chanoines de Lille les autels de Gits, près Roulers (1088), et de Wervick (1090). Après lui, l'évêque Baudry leur abandonna les autels de Lomme, de Lambersart, de Verlinghem, de Pérenchies (1104), de Roncq, d'Halluin, de Bousbecque (1104-1106), de Wambrechies, d'Annapes et de Lesquin (1110). Le *bode* de Werwick fut par lui réuni, en 1112, à l'autel de la même paroisse que les chanoines possédaient déjà [1].

Vint ensuite, sur le siége de Tournai, l'évêque Lambert, de qui le chapitre obtint l'autel de Flers (1121); — l'évêque Simon, des mains de qui il reçut les autels de Capinghem et de Sequedin (1124), de Quesnoy et de Prémesques (1132), d'Heule, de Machelen, de Lauwe et de Marquette (1143); — enfin l'évêque Anselme qui attribua à la collégiale de Saint-Pierre l'autel de Gheluwe (1147 ou 1148), et l'évêque Evrard, qui lui donna celui de Santes (1186) [2].

Un chantre et chanoine de Lille, sur l'histoire duquel nous aurons bientôt à revenir, Lambert de Guines, promu

le *presbytère* et ce que nous appelons aujourd'hui le *cancel* ou le *chœur*. Le *bode*, où se tenoient les laïcs, étoit, pour ainsi dire, le bas, ou le fonds de l'église, ce que les Allemands et les Flamands appellent *boden*, d'où vient le mot latin *bodium*. Suivant cette distinction, l'on divisa les biens des églises paroissiales en deux parts : l'une, qu'on appela l'*autel*, fut le partage du clergé; l'autre, qu'on nomma le *bode*, fut considérée comme un bien qui pouvoit être abandonné aux laïcs. L'autel comprit la maison pastorale, les oblations et un tiers de la dîme; le bode les deux autres tiers de la dîme. »

[1] *Miræus.* I, 361, III, 664. — Wartel. *Observations sur l'Histoire de Lille.* p. 174-179.

[2] Ces actes, la plupart inédits, existent aux archives du Nord (Fonds St-Pierre).

à l'évêché d'Arras, concéda en 1111, à ses anciens confrères, l'autel de Monchaux [1]. Milon, évêque de Térouane, leur abandonna, de son côté, en 1133, l'autel de Dranoutre. Il en résulta une association spirituelle entre l'église des Morins et celle de Saint-Pierre [2].

Les souverains pontifes environnaient de leur protection spéciale cette église capitulaire de Lille, au développement de laquelle les évêques de la région du Nord concouraient si efficacement.

Alexandre II, par sa bulle de 1066, avait soustrait le chapitre de Saint-Pierre à la juridiction de l'ordinaire. En 1075, saint Grégoire VII, dont le zèle pour la défense des intérêts religieux est resté si connu, prononça les peines les plus sévères « contre les empereurs, les rois, les évêques, les ducs, les comtes, et toutes autres personnes, de quelque rang ou qualité qu'elles fussent, qui voudraient enlever à cette église, sous quelque prétexte que ce pût être, les biens qu'elle possédait ou qu'elle pourrait acquérir par la suite. [3] »

En 1144, Célestin II confirma le chapitre de Saint-Pierre dans ses possessions spirituelles et temporelles; il prit le soin de les énumérer dans la bulle qu'il délivra à cet effet [4].

Des lettres postérieures de Lucius III (1181-1183) réglèrent différents points de discipline intérieure, tels que les vacations et les absences [5].

---

[1] *Miræus*, 1, 370.

[2] Archives du Nord (Fonds Saint-Pierre).

[3] Van der Haer, *les Châtelains de Lille*, p. 170. — Roisin (édit. Brun-Lavainne, p. 251).

[4] Roisin, p. 223.

[5] Archives du Nord (Fonds Saint-Pierre).

Tandis que la vigilante sollicitude du Saint-Siége descendait ainsi dans les moindres détails qui intéressaient la prospérité du chapitre, les immenses richesses de cet établissement commençaient à exciter des convoitises. En 1115, Bauduin VII (à la Hache) s'empara d'un domaine appelé Vals, que les chanoines possédaient dans le territoire d'Aix-la-Chapelle. Menacé, pour ce fait, des foudres de l'Eglise, le comte de Flandre n'hésita pas à s'humilier, et à confesser publiquement ses torts envers Saint-Pierre [1].

En 1128, durant une période agitée de notre histoire, les chanoines de Lille ayant exigé de *leurs hôtes*, pour subvenir aux nécessités du temps, une assez forte imposition, ceux-ci se retirèrent auprès de Guillaume Cliton, alors souverain du pays de Flandre, et ils obtinrent de lui des lettres par lesquelles il était fait défense au chapitre de percevoir le subside en question. L'affaire, portée d'abord au tribunal de Louis VI, roi de France, fut déférée, en dernier ressort, au jugement d'une cour ecclésiastique et féodale, qui maintint le droit des chanoines [2].

C'était, du reste, pour les serfs, un avantage précieux que de passer sous la domination du chapitre. Les archives du Nord nous offrent plusieurs exemples de donations de ce genre faites à la collégiale par les seigneurs de la contrée, donations qui équivalaient pour ceux qui en étaient l'objet, à un affranchissement presque absolu [3].

---

[1] *Miræus*. 1, 83.

[2] *Miræus*. I, 684.

[3] Donation de ce genre faite au chapitre de Saint-Pierre, par Radebond de Rumes; — par Bauduin de Comines. (1092-1209). Ce dernier acte est imprimé dans *Miræus*. I. 570.

Il appartenait aux ministres de Jésus-Christ, que nous voyons investis d'une aussi haute influence sociale, d'aider à l'émancipation des classes populaires. Les chanoines de Saint-Pierre favorisèrent l'érection de la commune de Lille, qui prit naissance en 1185 [1]; ils intervinrent, dès lors, par le suffrage des *quatre curés* de la cité, dans le renouvellement annuel du *magistrat*, de même que plus tard ils acquirent le droit de déléguer deux de leurs membres aux Etats de la Flandre wallonne [2].

Le système électoral et représentatif fut par eux pratiqué au grand avantage du pays.

I V

Jusqu'ici nous avons principalement envisagé le chapitre de Saint-Pierre comme personne morale et comme institution. Notre étude demeurerait incomplète, si nous ne pénétrions plus avant dans l'intérieur des bâtiments claustraux, et si nous n'esquissions quelques-unes des figures qui s'y dessinent.

Il n'y a point d'exagération à affirmer que la collégiale de Lille était, au moyen âge, un foyer abondant de lumières et de vertus. L'un des premiers écolâtres de cet

[1] « *Chy fina*, dit une vieille chronique, la *mairye* (féodale) *à Lille.* » — Pour l'interprétation de ce texte, voyez M. Tailliar (Mémoire précité, § 17).

[2] Voir dans Roisin (p. 228) l'acte de la comtesse Jeanne qui organise définitivement la municipalité de Lille. — Cf. Tailliar, § 10.

établissement, le célèbre Rainbert, entreprit, contre
Odon de Tournai, une lutte que devaient renouveler
avec éclat, au xııe siècle, les deux champions de la
scolastique, Abeilard et saint Bernard. En 1090, à l'é-
poque où nous sommes, les conséquences funestes de
la doctrine des *nominaux* n'apparaissaient point encore,
et le chanoine Rainbert pouvait soutenir, en parfaite
sécurité de conscience, les principes de son école. Ç'a
été, du reste, l'honneur du chapitre de Saint-Pierre de
s'appliquer, dans tous les temps, à vérifier cette grande
parole de l'Apôtre, *rationabile obsequium;* et dès le
xıe siècle, on le voit s'associer au mouvement philoso-
phique dont Lanfranc et saint Anselme avaient donné le
signal, mouvement qui avait son point de départ dans
ces trois mots d'une profondeur sublime : *fides quærens
intellectum* [1].

Un résultat frappant de l'enseignement professé, au
moyen âge, dans l'école capitulaire de Lille, est l'étendue
de connaissances et la variété d'aptitudes dont firent
preuve les élèves qui en sortirent. On connaît le
surnom de *docteur universel* décerné au plus illustre
de nos compatriotes. Poëte, orateur, mathématicien,
par-dessus tout philosophe consommé, Alain de Lille
résume en sa personne toutes les gloires intellec-
tuelles ; or, on ne peut douter qu'il n'ait puisé

[1] Sur la lutte d'Odon de Tournai et de Rainbert, on peut consulter Héri-
mann : *Historia restaurationis abbatiæ Sancti Martini Tornacensis*, apud
Dachéry, t. XII ; — Mabillon, *Annal. O. S. B.*, t. V ; — Dom Rivet, *Hist.
lit. de la France.* t. VII et IX ; — A. Dupuis, *Hist. de la rivalité philo-
sophique de l'école de Lille et de l'école de Tournai au xı° siècle;* — et
une brochure toute récente de M. l'abbé Baunard, intitulée : *le Bienheureux
Odon de Tournai*, Casterman, 1862.

dans l'école de Saint-Pierre le germe de son immense savoir [1].

Plusieurs des traits de ce grand génie se retrouvent chez Adam de la Bassée, dont l'œuvre musicale et littéraire a été appréciée d'une manière si compétente dans ces dernières années [2].

Un chanoine de Lille, antérieur à notre Adam, est Letbert, « qui devint abbé de Saint-Ruf, lorsqu'il avait déjà produit un ouvrage remarquable intitulé *Flores Psalmorum* [3]. » Cet ouvrage, où l'auteur avait mis toute son âme, et pour la composition duquel il s'était inspiré de saint Augustin et de Cassiodore, fut offert en 1103, au chapitre de Saint-Pierre, par un de ses anciens membres, Gautier, évêque de Maguelone [4].

Deux frères en sainteté, Lambert de Guines et Jean de Warneton, illustrèrent par leurs vertus cette même collégiale de Lille que d'autres honoraient plus spécialement par leurs talents. Tous deux élèves d'Ives de Chartres, ils jouèrent un grand rôle dans les affaires de l'Eglise, à la fin du xie et au commencement du xiie siècle.

Lambert faisait partie du chapitre depuis l'époque de son institution. Saint Grégoire VII ne tarda pas à le distinguer, et il lui confia, en 1079, une mission dont nous ignorons l'objet précis. En 1092, Gérard, évêque de

---

[1] Voir l'ouvrage capital de M. A. Dupuis : *Alain de Lille, études de philosophie scolastique.* Lille, Danel, 1859.

[2] Par M. l'abbé Carnel, dans ses *Chants liturgiques d'Adam de la Bassée.* Gand, 1858, 1 br. in-8°.

[3] Le Glay, *Mém. sur les archives de Saint-Pierre*, p. 17.

[4] L'épitre dédicatoire de l'évêque Gautier a été reproduite, par M. le docteur Le Glay, dans son *Catalogue descriptif des manuscrits de la bibliothèque de Lille*, p. 13-14.

Cambrai et d'Arras, étant venu à mourir, le choix de son successeur souleva d'immenses difficultés. Le clergé et le peuple d'Arras profitèrent de ces conjonctures pour obtenir que le siége épiscopal de leur ville fût séparé de celui de Cambrai, auquel il était uni depuis le temps de saint Vaast. Ils s'adressèrent, pour cet effet, au pape Urbain II, qui leur permit de se donner un évêque particulier. Mais, peu confiants dans leurs lumières, ils supplièrent le chapitre de Lille de déléguer trois ou quatre de ses membres pour assister à l'élection. Lambert de Guînes y fut envoyé, et se vit promu, non sans surprise, à l'évêché vacant. Ce ne fut pas trop de l'intervention d'Urbain II, pour vaincre sa résistance, et pour le déterminer à accepter un fardeau qu'il jugeait au-dessus de ses forces. Le pape l'ayant fait venir ensuite au delà des Alpes, essaya de le fixer à côté de lui, en le plaçant à la tête du diocèse d'Ostie; mais, fidèle à sa première épouse et constant dans son humilité, Lambert ne voulut point se séparer de l'église d'Arras.

Plus tard, il assista au concile de Clermont, et il recueillit les décrets de cette assemblée illustre où l'on prêcha la première croisade.

Ce fut lui également qui institua dans sa ville épiscopale la *Confrérie des Ardents* ou de la *Sainte-Chandelle*, en mémoire d'une peste qu'il était parvenu à conjurer.

Pour l'aider dans l'exercice de son ministère, il s'était adjoint, comme archidiacres, deux de ses anciens collègues. Jean de Warneton, l'un d'eux, lui fut enlevé, en 1099, pour aller occuper l'évêché de Térouane où il y avait de grands abus à réformer et beaucoup de bien à faire. Le nouvel élu se montra, comme Lambert, à la hauteur de sa mission [1].

La collégiale de Lille, par l'éclat des vertus qui y régnaient, attirait vers elle les plus grands hommes de la chrétienté. On ne peut douter que saint Bernard n'y soit venu, à l'époque où il jetait les fondements de l'abbaye de Loos, et l'on est même autorisé à croire qu'il y a inauguré le culte de *Notre-Dame de la Treille* [2].

Durant le séjour qu'il fit à Lille, dans une maison de la rue d'Angleterre, saint Thomas Becquet, archevêque de Cantorbéry, se rendit fréquemment à Saint-Pierre. On conservait encore, à la fin du xviiie siècle, la chasuble de forme antique avec laquelle il célébrait dans la collégiale. L'officiant revêtait cette chasuble tous les ans, le jour de la fête du saint. Après avoir dit la messe, il la déposait sur l'autel et la baisait avec respect. Le diacre, le sous-diacre, et le chœur entier, s'approchaient ensuite pour rendre le même honneur à la dépouille du martyr [3].

D'autres reliques, non moins précieuses, vinrent enrichir le trésor de Saint-Pierre dans les premières années du xiiie siècle. Marie de Champagne, qui avait suivi à la croisade son illustre époux Bauduin IX, envoya d'Orient, aux chanoines de Lille, des cheveux et quelques gouttes du lait de la sainte Vierge [4]. Plus tard, lorsque

---

[1] Pour la rédaction de la notice sur Lambert de Guines et sur Jean de Warneton, nous avons suivi le manuscrit de Delécaille et l'*Essai historique* de Mme Froment. Voir aussi l'*Histoire littéraire de la France.*, t. X.

[2] *Hist. de Notre-Dame de la Treille*, d'après Turbelin et Vincart, par le R. P. Vitse. ch Ier. Lille, Lefort, 1843, 1 vol. in-12.

[3] Delécaille, p. 45.

[4] *Hist. de Notre-Dame de la Treille*, par Mme Froment, ch. V. Lille, Reboux, 1851.

le premier empereur latin de Constantinople eut succombé
dans son expédition contre les Bulgares, Gautier de
Courtrai, son chancelier, revint en Europe, muni d'une
parcelle de la vraie croix dont il fit don à la collégiale [1].

V

En 1213, un déplorable événement interrompit le cours
des prospérités du chapitre. La politique déloyale du
comte Fernand attira sur la Flandre les armes de Philippe
Auguste, et le roi de France irrité mit à feu et à sang
la ville de Lille. S'il faut en croire Guillaume le Breton,
narrateur officiel de cette expédition, il n'y eut d'habitants
épargnés que ceux qui trouvèrent leur salut dans la fuite;
la ville entière fut réduite en cendres, et, l'incendie se
communiquant du corps de la cité à la campagne environnante, il en résulta une fumée si épaisse qu'*on fut
privé, durant trois jours, de voir le soleil* [2].

Le gouvernement réparateur de la comtesse Jeanne
succéda, dans nos contrées, à la brusque irruption du
roi de France. On sait de combien de fondations charitables
la fille aînée de Bauduin est l'auteur; mais on ignore
généralement qu'elle eut pour auxiliaires, dans ces méritoires entreprises, les chanoines de Saint-Pierre. Ce fut
à eux qu'elle confia la direction de l'hôpital Saint-Sauveur

[1] Delécaille, p. 80.

[2] *Philippéide*, chant IX. — Après la prise de Lille et la bataille de
Bouvines, les chanoines de Saint-Pierre se cotisèrent pour le rachat du comte
Fernand,

(1233), et elles les entremit dans l'administration de
l'autre hospice auquel elle a légué son nom (1237).
Sur les instances de la comtesse, la chapitre se prêta
à l'établissement de religieuses à Marquette (1232). Lui-
même, favorisa de son propre mouvement, l'institution,
aux portes de Lille, des deux nouveaux ordres qui pre-
naient rang dans la chrétienté : Dominicains (1224),
Franciscains (1226) [1].

Marguerite de Constantinople, qui recueillit l'héritage
de sa sœur Jeanne, associa, comme elle, les chanoines
de Saint-Pierre à ses œuvres charitables.

Ce fut sous son règne, en 1254, que commença à se
manifester, *par des prodiges journaliers et éclatants*, la
vertu miraculeuse de l'image de Notre-Dame de la Treille.
Cette statue, fort ancienne, occupait le croisillon gauche
de l'église Saint-Pierre. Une confrérie, instituée en son
honneur, dès l'année 1237, sous le nom de la *charité
Notre-Dame*, fut confirmée canoniquement, à la suite des
miracles de 1254, par le souverain pontife Alexandre IV.
Nicolas IV, Urbain V, Martin V, Eugène IV, Clément VIII
et Benoît XIV, enrichirent successivement d'indulgences
cette pieuse association.

On créa à Lille une fête anniversaire vulgairement
appelé la *festivité nouvelle*, en commémoration des pro-
digieux événements dont l'église Saint-Pierre venait d'être
le théâtre. Pour rehausser l'éclat de cette fête, on établit
en 1269, une procession solennelle, qui ne cessa point,
dans la suite des siècles, d'attirer un grand concours de
pèlerins [2].

[1] Tailliar et Delécaille, *passim*.

[2] Les lettres de la comtesse Marguerite, portant institution de la procession
annuelle, ont été reproduites par Mme Froment, à la suite de l'*Essai histo-*

V I

L'année 1354 apporta au chapitre de Saint-Pierre un grave préjudice. Son église, à peine sortie des ruines que Philippe-Auguste avait faites, devint la proie d'un incendie. Elle ne se releva que lentement de ce nouveau désastre, et dut son achèvement à Philippe le Bon. La piété de ce prince envers l'auguste patronne de Lille est demeurée célèbre. Il consacra à Notre-Dame de la Treille l'ordre de la *Toison d'or* (1430) qu'il venait de fonder, et tint, sous la voûte de l'église Saint-Pierre, le premier et le quatrième chapitre général de l'ordre [1].

rique sur la collégiale. Elles figurent également dans le *Mémoire de M. Tailliar*.

[1] « Nous prions qu'on nous permette d'entrer ici dans quelques détails au sujet d'une institution dont tout le monde parle et qui est en général peu connue. Philippe le Bon créa l'ordre de la Toison d'or à l'occasion de son mariage avec Isabelle de Portugal, au mois de janvier 1429. Les statuts en furent publiés à Lille, le 27 novembre 1431. Le but de Philippe était d'attacher de plus en plus à sa personne cette chevalerie, qui faisait la force de ses armées, par le lien d'une puissante association. Il commença par s'en déclarer le chef. — Il interdit aux chevaliers de faire partie d'aucun autre ordre; il n'en excepta que les empereurs, les rois et les ducs. — « Tous les » chevaliers, dit-il, promettront à leur entrée d'avoir bonne et vraie amour » à leur prince, et l'un à l'autre entre eux, et le prince à eux. — Ils seront » tenus, en cas de guerre, de servir leur prince personnellement, s'ils en sont » capables. »

« L'article 6 des statuts érige le chapitre de l'ordre en une espèce de *grand conseil* délibérant sur la paix et la guerre. . . . .

« Le nombre des chevaliers était fixé primitivement à trente. Nommés à

Par ses soins, un magnifique mausolée fut élevé en 1455, dans la chapelle même de Notre-Dame : on y déposa les restes du dernier comte de Flandre, Louis de Male, mort en 1383.

Philippe le Bon introduisit dans la collégiale le culte de *Notre-Dame des Sept-Douleurs*, à laquelle il érigea une statue (1450). Cette dévotion particulière donna naissance, en 1570, à un office que les papes Alexandre VII et Clément IX approuvèrent pour *toutes les églises paroissiales de Lille.*

La confrérie instituée en l'honneur de Notre-Dame de la Treille continua de voir grossir, à travers les siècles, le nombre de ses adhérents. En l'année 1603, elle comptait 6680 membres. « Ce n'étaient pas seulement, dit le R. P. Possoz, les habitants de la ville qui se montraient jaloux d'appartenir à cette pieuse confrérie; on s'y faisait inscrire d'Amiens, de Saint-Quentin, de Cologne, des extrémités de l'Italie, de la France et de l'Allemagne. Non contents de s'enrôler eux-mêmes, les parents enrôlaient encore leurs petits enfants, et pro-

vie, ils ne pouvaient être privés du collier que pour cause d'hérésie, de trahison, ou de lâcheté, ou pour avoir forfait à l'honneur.

« A chaque réunion le chapitre se constituait en *tribunal d'honneur*, et procédait à l'examen de la conduite de chacun de ses membres. Cette espèce d'inquisition était formellement prescrite par l'article 31 des statuts. Outre les trois grandes causes de dégradation dont nous venons de parler, la déloyauté, l'inconduite, l'immoralité étaient sévèrement punies.

« Le souverain lui-même n'échappait point à la censure du chapitre. . . . . » B⁰ⁿ de Gerlache, *Histoire du royaume des Pays-Bas*, t. I, p. 26-27. — Cf. *Histoire de l'ordre de la Toison d'or, depuis son origine jusqu'à la cessation des chapitres généraux*, tirée des archives mêmes de l'ordre, par le baron de Reiffenberg, 1 vol. in-4°, avec atlas.

mettaient d'envoyer le nom de ceux qui étaient à naître [1]. »

L'empereur d'Autriche, Ferdinand II, et toute sa famille, imitant, à quatre cents ans d'intervalle, la piété de Marguerite de Constantinople et de son fils, Gui de Dampierre, tinrent à honneur de figurer dans cette association spirituelle.

En 1634, le 28 octobre, la ville de Lille, par l'organe de son maire ou *mayeur*, le respectable M. Le Vasseur, se voua solennellement à Notre-Dame de la Treille. Ce fut alors qu'on commença à appliquer, dans un sens détourné, à la cité lilloise et à son auguste protectrice, cette parole des livres saints : *Dicet habitator Insulæ hujus : Hæc est spes nostra* [2].

L'évêque de Tournai, Maximilien de Gand-à-Vilain, consacra à Notre-Dame, en 1635, sa personne et son diocèse. Il accorda, en outre, des indulgences à ceux qui feraient dévotement, dans l'église Saint-Pierre, les sept stations que les chanoines venaient d'établir en mémoire des Sept-Douleurs de la sainte Vierge.

Maximilien se rendit à Lille, en 1638, comme simple pèlerin, et célébra la messe à l'autel de Notre-Dame. « Il offrit à la Vierge ses armes, et sa devise tirée de l'Evangile : *Veillez et priez* [3]. » La dévotion de ce prélat envers Marie trouva un imitateur dans la personne de son

[1] *Les Sanctuaires de la Mère de Dieu dans les arrondissements de Douai, Lille, Hazebrouck et Dunkerque*, p. 49. Lille, Lefort, 1847, 1 vol. in-12.

[2] « L'habitant de cette *Ile* dira : En elle (En Marie) est notre espoir. » Isaïe, xx, 6.

[3] M** Froment, *Hist. de Notre-Dame de la Treille*, p. 158-159.

neveu, François de Gand, d'abord prévôt de Saint-Pierre,
ensuite évêque de Tournai.

Sous le pontificat de ce dernier, eut lieu une manifestation éclatante en l'honneur de la Vierge de Lille. « C'était
en 1659 : les provinces Belgiques, cet éternel théâtre
de la guerre en Europe, respiraient; car la paix venait
d'être conclue entre la France et l'Espagne. Quelques
bourgeois de Tournai résolurent de témoigner leur reconnaissance au Ciel par un pèlerinage à Notre-Dame de la
Treille [1]. » Leurs concitoyens s'associèrent unanimement
à ce dessein, et Lille ouvrit ses portes, avec allégresse,
à leur députation pacifique.

La conquête de la Flandre wallonne par les armées
françaises, en 1667, fut, pour la Vierge miraculeuse,
l'occasion d'un nouveau triomphe. Depuis l'année 1297,
le *magistrat*, ou corps municipal de Lille, était en possession d'exiger des souverains qui faisaient leur première
entrée dans la cité, un serment par lequel ceux-ci s'en-
gageaient à respecter les *usages et franchises* de la commune. C'est ainsi qu'en février 1600, après l'apaisement
des troubles religieux des Pays-Bas, on avait vu les archiducs Albert et Isabelle venir sceller, dans l'église Saint-
Pierre, la réconciliation de l'Espagne avec la ville de Lille [2].
Louis XIV, maître de cette place importante, ne crut pas
devoir s'exempter d'une formalité à laquelle s'étaient soumis
les souverains antérieurs du pays. Ce fut dans la chapelle
de Notre-Dame de la Treille, et, pour ainsi dire, entre

---

[1] Mme Froment, *Essai hist. sur la collégiale*, p. 171.

[2] Deux ans auparavant, en 1598, à l'occasion de la paix de Vervins,
conclue entre la France et l'Espagne, avait eu lieu une procession que M. le
vicomte de Melun a décrite dans ses *Souvenirs historiques de Lille* (lec-
ture faite à l'Association lilloise, le 16 février 1853).

ses mains, qu'il prêta le serment de maintenir les libertés de la ville.

Le maréchal d'Humières, nommé par le roi gouverneur général de Lille, se hâta, de son côté, de se faire inscrire dans la confrérie de Notre-Dame de la Treille.

En 1704, le hasard de la guerre amena, dans la capitale de la Flandre française, un prince fugitif, Joseph-Clément, électeur de Cologne. Une grâce surnaturelle attendait, dans nos murs, ce jeune et brillant exilé. Se trouvant à Lille, il fut invité à assister, dans la maison de l'Abbiette, à la *vêture* de Melle Marie Imbert, âgée seulement de quinze ans. « L'aspect de cette jeune personne, qui accomplissait, avec tant de force et de joie, le *sacrifice du matin*, qui foulait aux pieds les biens visibles pour acheter les biens éternels, fut pour le prince un trait soudain de lumière [1]. » Il résolut subitement d'entrer dans les ordres, et reçut la prêtrise des mains de l'évêque de Tournai. Cinq mois après, l'immortel archevêque de Cambrai, Fénelon vint l'élever au rang des pontifes. L'église collégiale de Saint-Pierre fut choisie pour être le théâtre de cette imposante cérémonie, « où le génie allait donner la croix du Sauveur comme consolation au malheur et à l'exil [2]. »

Le discours, si plein d'élévation, que prononça l'archevêque de Cambrai, dans cette circonstance, est un morceau classique trop bien gravé dans toutes les mémoires pour qu'il soit besoin d'en rien citer ici.

Cependant le xviiie siècle s'annonçait en France par

[1] Mme Froment, *Essai hist. sur la collégiale*, p. 34.

[2] *Ibid.*

d'audacieux sophismes qui devaient à la longue ébranler la religion et l'Etat. Le jubilé centenaire de Notre-Dame de la Treille, en 1754, fut une protestation de la cité lilloise contre l'invasion des doctrines nouvelles. Le détail des fêtes qui eurent lieu cette année-là nous a été conservé. Pour la pompe et pour l'enthousiasme qui y furent déployés, on ne peut mieux les comparer qu'à celles dont nous avons été témoins en 1854, et qui ont prouvé si éloquemment que la foi n'est point morte au sein de nos populations [1].

VII

Depuis le milieu du XIIIᵉ siècle, l'histoire de la collégiale de Lille se confond, pour ainsi dire, avec celle de Notre-Dame de la Treille. Nous avons été amenés ainsi à ne point les séparer, et à les suivre parallèlement jusqu'à la Révolution. Il nous reste, pour achever cette étude, à mentionner quelques-uns des hommes remarquables qu'a produits le chapitre de Saint-Pierre dans les temps modernes.

Comment ne pas citer, par exemple, pour son insigne piété envers Marie, le prévôt Remi du Laury; — pour leur amour éclairé des arts, le grand chantre Robert

[1] La relation des fêtes jubilaires de 1854 a été écrite par M. l'abbé Capelle, ancien missionnaire apostolique, aujourd'hui doyen de Saint-Géry à Valenciennes, et par M. Ch. de Franciosi, homme de lettres (Lille, Lefort, 1 vol. in-8°. — Vanackère, 1 vol. in-4°). — On doit également à M. l'abbé Capelle, une *Notice populaire sur l'image de Notre-Dame de la Treille*, (Lille, Lefort, 1851), notice que nous avons connue trop tard pour pouvoir en donner des extraits.

Imbert et le chanoine Hugues de Lobel; — pour sa connaissance approfondie des antiquités, le chanoine Floris Van der Haer, auteur d'une *Histoire des châtelains de Lille* que l'on consulte encore avec fruit, et d'une étude, non moins instructive, sur *l'Origine des troubles religieux dans les Pays-Bas?*

La plupart de ces personnages appartiennent au xviie siècle. Dans le xviiie, nous nous bornerons à nommer, pour l'éclat de leurs vertus et pour l'aménité de leur caractère, MM. de Muyssart et de Garsignies; — pour leur savoir historique, MM. de Valory et Delécaille [1].

La culture littéraire ne cessa pas un seul moment d'être en honneur au sein de la collégiale. Messieurs de Saint-Pierre avaient été les premiers, en 1572, à accueillir les Jésuites dans la ville de Lille, comme instituteurs de la jeunesse. Ils conservèrent eux-mêmes jusqu'en 1792, un collége dans la rue du Gland, aujourd'hui rue de la Préfecture.

Une riche bibliothèque fut annexée, de bonne heure, au chapitre [2]. Installée, depuis 1507, dans un local

---

[1] Pour l'histoire de ces personnages et d'une infinité d'autres, nous ne pouvons que renvoyer aux savantes recherches de Mme Froment et de M. le docteur Le Glay. — Une note que nous communique M. l'abbé Bernard, vicaire général du diocèse de Cambrai, offre une statistique, d'après laquelle les membres du chapitre de Saint-Pierre ont donné : 4 évêques à Térouane, 3 à Liége, 3 à Arras, 2 à Tournai, 1 à Metz, 1 à Amiens, 1 à Cambrai, 1 à Namur, 1 à Boulogne-sur-mer, 1 à Senlis; 1 cardinal à Pampelune; 1 archevêque à Lisbonne, 1 à Reims, 1 à Cashel (Irlande).

[2] M. le docteur Le Glay a publié, à la suite de son *Catalogue descriptif des manuscrits de la bibliothèque de Lille* (Lille. Vanackère, 1848), un *ancien inventaire* des livres qui composaient la bibliothèque de la collégiale en 1397. — Voir le *Mémoire* du même auteur *sur les bibliothèques publiques et les principales bibliothèques particulières du département du Nord*, Lille, Danel, 1841, 1 vol. in-8°.

convenablement disposé, elle reçut au xviii° siècle, des accroissements considérables.

Par une mesure éminemment libérale, on venait de la rendre accessible au public, lorsque survint la révolution qui la ferma.

Les livres seuls furent épargnés dans la tourmente de 1792 : ils forment aujourd'hui l'un des fonds les plus précieux de la bibliothèque communale de Lille. L'église et les bâtiments capitulaires ont disparu sous le marteau des Vandales.

Une inscription, gravée à l'extérieur de la maison qui fait l'angle de la rue Négrier et de la rue Saint-André, à deux pas de l'hôtel des Archives, rappelle au public que *là commençait le domaine des chanoines.* Cette inscription, surmontée d'une statue de Notre-Dame de la Treille, est celle qu'avait tracée, au-dessus de la porte Saint-Pierre, la foi naïve de nos ancêtres :

SOYEZ, VIERGE ET MÈRE DE DIEU,

LA SAUVEGARDE DE CE LIEU.

(*Supra portam Sancti Petri.* MXLV.)

NOTICE

SUR

M. JEAN LE VASSEUR

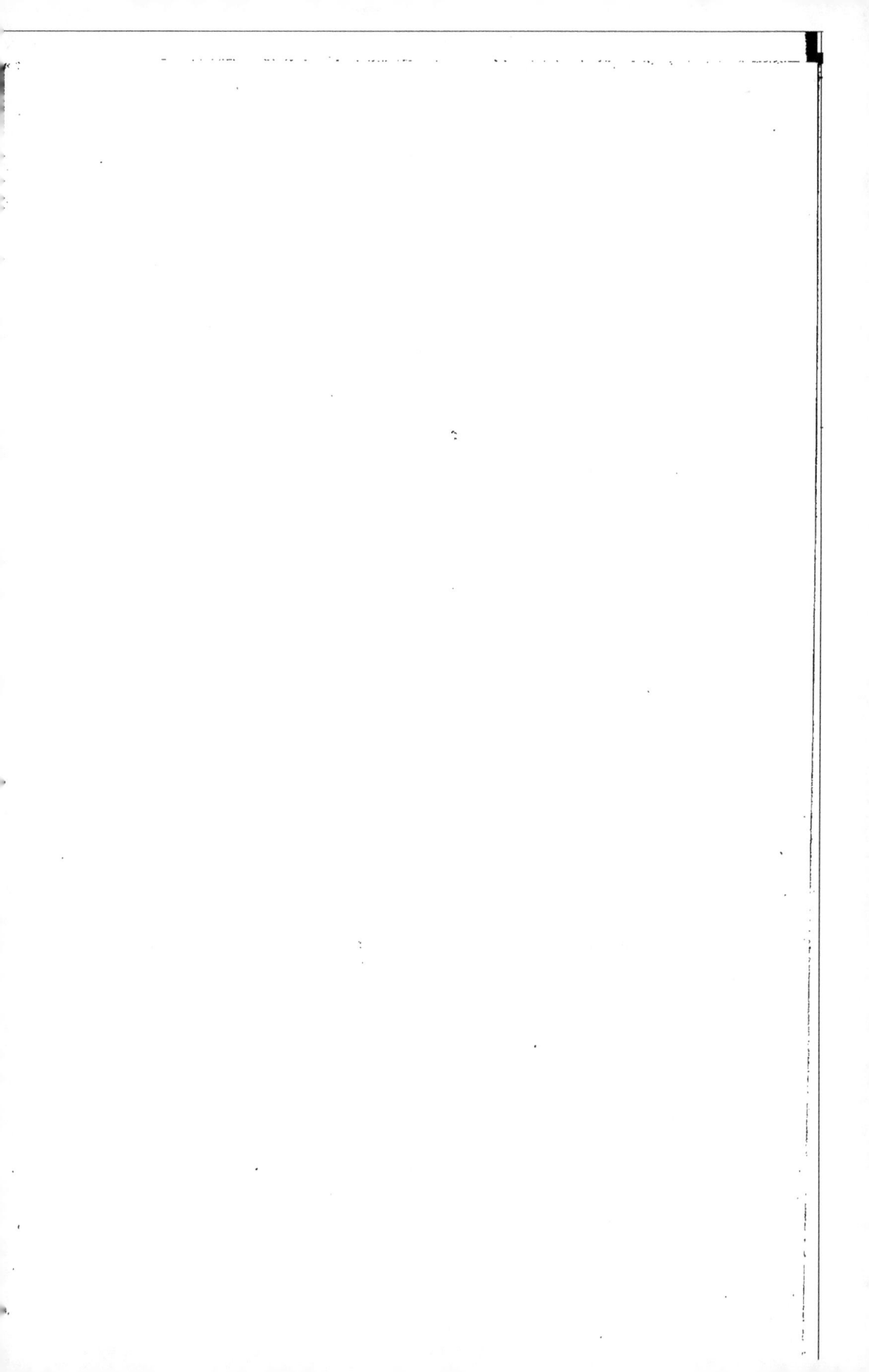

NOTICE

sur

M. JEAN LE VASSEUR [1]

Le nom de Le Vasseur est intimement lié à l'histoire de notre ville par le souvenir des magistratures qu'il y exerça, par ses alliances avec les meilleures familles de la cité [2], et surtout par la consécration solennelle qu'en l'année 1654, étant du Magistrat, il fit de la ville à Notre-Dame de la Treille.

Sous ce dernier rapport, il se rattache trop étroitement à l'Œuvre qui a pour but d'élever à la Vierge de Lille un sanctuaire en harmonie avec la gloire, mais aussi avec les obligations que cette consécration nous impose, pour que nous ne rappelions pas, au sujet de la pierre tombale qui se trouve dans la crypte, le souvenir d'une vie tout entière consacrée au service de Dieu et des hommes.

[1] Cette notice est extraite des Mémoires de dom Michel Cuvelier, prieur de la Chartreuse de la Boutillerie, fondée par M. Le Vasseur. Lille, L. Lefort, 1 vol. in-8° 1854, et du Compte-rendu de ces Mémoires, inséré dans le journal *la Vérité*, n° du 28 avril 1854. On a aussi consulté l'Histoire de Notre-Dame de la Treille du P. Vincart, et les diverses brochures relatives à Notre-Dame de la Treille, éditées depuis 1842.

[2] Les familles de Lyot, du Bosquiel, de Fourmestraux, de Thieffries, de Waziers, de Lannoy et autres.

I

Jean Le Vasseur, fils de Jean et de Marie de Fourmestraux, naquit à Lille vers la fin de 1570. Dès l'enfance, son caractère calme et réfléchi, sa douceur, son affabilité, son esprit conciliant et judicieux, et surtout sa piété solide et généreuse, révélèrent en lui *l'homme juste et craignant Dieu* dont le nom devait devenir à jamais mémorable dans les fastes de l'ancienne capitale de la Flandre française.

Après avoir terminé ses humanités au collége de Saint-Pierre, il fut envoyé à l'Université de Douai pour y étudier la philosophie et le droit. Reçu licencié *utriusque juris*, en 1595, il revint à Lille, où, l'année suivante, il épousa mademoiselle Antoinette de Lyot. A partir de cette époque, sa vie fut une suite non interrompue de bonnes œuvres, en même temps que de services rendus à la chose publique dans les diverses charges qu'il occupa pendant près d'un demi siècle.

« Depuis l'année 1596, en laquelle il a esté fait prudhomme,
» qu'on appelle ordinairement huit hommes, parce qu'ils sont
» huit élus et nommés par les quatre pasteurs des quatre an-
» ciennes paroisses de la ville, qui sont Saint-Pierre, Saint-
» Etienne, Saint-Maurice et Saint-Sauveur, jusqu'à l'année 1644,
» en laquelle il mourut mayeur, il a esté presque toujours du
» Magistrat en diverses qualités, sçavoir : huit hommes, six fois;
» eschevin, trois fois; du conseil, neuf fois; juré, dix fois;
» rewart, deux fois; mayeur, dix fois; toutes lesquelles charges
» il a exercé avec tant de satisfaction des bourgeois, et avec un
» applaudissement si général de toute la ville, que si la voix
» populaire eust esté écoutée et suivie, et que les loix et usances
» du pays l'eussent permis, il n'auroit jamais désisté d'être
» mayeur, parce qu'un chacun l'auroit réclamé et proclamé

» digne d'estre toujours maintenu et continué dans cette
» charge. »

Voici le portrait que dom Cuvelier trace de M. Le Vasseur :

» Pendant tout le temps qu'il a exercé l'office de mayeur de
» la ville, et autres charges publiques, il estoit toujours fort
» soigneux, zélé et affectionné pour secourir et assister dans leurs
» besoins les pauvres, dont il estoit vraiment le père, le pro-
» tecteur et le refuge ; montrant beaucoup de condescendance et
» d'affabilité à écouter leurs raisons et doléances ; s'entremettant
» volontiers et avec plaisir à pacifier les différens, procès, alterca-
» tions et débats qui leur arrivoient, en quoi Dieu lui avoit
» donné une grâce toute singulière qu'il cultivoit et employoit
» fidèlement. Aussi l'on déféroit tant à sa prudence, capacité et
» prudhomie, que bien souvent des partis, fort animés les uns
» contre les autres, se remettoient entièrement à son jugement
» et à sa décision.

» Et ce n'estoit point sans grande raison que ceux du menu
» peuple et les pauvres et artisans avoient recours à lui dans
» leurs difficultés, car il estoit naturellement doux, béning,
» affable, ne méprisant et ne rebutant jamais personne. Mais
» ce n'estoit pas seulement les gens de petite et médiocre condition
» qui s'adressoient à lui, car les principaux et les plus célèbres
» de la ville se servoient aussi bien souvent de son conseil ;
» lui communiquoient leurs affaires de grande importance, le
» choisissoient pour l'arbitre de leurs différens, recevoient ses
» avis et s'y soumettoient.

» Il se comportoit dans les assemblées avec tant de gravité, de
» pénétration et d'intégrité, et rendoit raison de toutes les choses
» qui lui estoient proposées, avec un jugement si net et si pro-
» fond, qu'il se faisoit admirer et révérer d'un chacun ; démeslant
» les causes les plus embarrassantes, et terminant généreusement,
» par son industrie et sa grande patience et douceur, les affaires
» les plus épineuses au contentement des parties. »

II

Dix-huit ans après son mariage, mademoiselle de Lyot mourut, en 1612, sans laisser d'enfants. M. Le Vasseur prit dès lors la résolution de passer le reste de ses jours dans le célibat, afin que, libre de tout lien, il pût consacrer entièrement et uniquement à Dieu toutes les affections de son cœur. Il paraît même qu'il songea à recevoir les ordres sacrés, ainsi qu'on le voit par deux bulles en date du 25 octobre 1617 et 16 avril 1618, par lesquelles Paul V le relevait des irrégularités qu'il avait pu encourir dans l'exercice des fonctions de juge dans des causes en matière criminelle ; mais la crainte que l'archiduc Albert et Isabelle d'Espagne, princes souverains des Pays-Bas, ne le fissent nommer à l'évêché d'Arras, comme la voix commune l'y appelait, le fit renoncer à son dessein.

Contrarié dans ses projets, il résolut de se ménager au moins la possibilité de passer plus tard dans la retraite et la méditation des vérités éternelles, les dernières années d'une vie que désormais il voulait consacrer davantage encore, s'il était possible, au service de ses concitoyens, de ses pauvres et de son Dieu. Aussi songea-t-il plus sérieusement à réaliser un projet dont il avait eu la première pensée à Douai, pendant ses études de droit, et qui avait été la conséquence de ses entretiens avec un célèbre docteur de cette université nommé Ferrarius.

Il s'agissait de fonder un couvent de Chartreux dans la châtellenie de Lille. Ce projet offrait de sérieuses difficultés, et sa fortune d'ailleurs n'était pas en harmonie avec une telle entreprise. Mais Dieu qui lui avait inspiré ce dessein, lui donna, à son heure, le moyen de le mettre à exécution. En effet, deux successions considérables lui échurent à cette époque sans qu'il s'y attendît. L'une de ses sœurs, Marie, mariée au sir Antoine de

Thieffries, mourut en 1616, après avoir recueilli, dans la succession de son fils, celle très-considérable de son mari, le sir de Thieffries. Par son testament, elle instituait M. Le Vasseur héritier de tous ses biens, parmi lesquels se trouvaient la terre et seigneurie de la Boutillerie, près Fleurbaix, qui avaient appartenu précédemment aux maisons de Luxembourg et de Beauffort.

Lorsqu'on annonça à M. Le Vasseur que cette succession importante lui était échue, il se contenta de dire : « C'est Dieu qui me l'a donnée, je la rendrai à Dieu. » Et réalisant sans retard cette pensée, il fit agréer son projet de fonder un couvent de Chartreux, par dom Bruno d'Haffringues, de Saint-Omer, maître général de l'Ordre, et par le chapitre général. Puis ayant obtenu des archiducs Albert et Isabelle et des sirs de Mérode-Montmorency, de Petypas, du Bosquiel et autres l'amortissement des biens qu'il destinait à la fondation, il posait le 11 août 1618, la première pierre *de la Chartreuse de Notre-Dame des Douleurs* à la Boutillerie.

Les villes de Flandre, et particulièrement la nôtre, ont toujours été fécondes en hommes désintéressés qui, sans aucun éclat, sans aucune ostentation, entreprennent des œuvres qui semblent être au-dessus de la portée d'un seul et les mènent à bonne fin. Il ne serait pas nécessaire de remonter aux temps de M. Le Vasseur pour fournir la preuve de notre assertion. Ne trouverait-elle pas un témoignage éclatant dans ces fondations importantes qui sont venues de nos jours relier magnifiquement le présent aux traditions du passé? Et comment notre reconnaissance ne se plairait-elle pas à élever à la hauteur d'une fondation, ce don exceptionnel fait à l'Œuvre de Notre-Dame de la Treille et Saint-Pierre à son début, et dont la magnificence, loin de disparaître dans la grandeur de cette Œuvre, doit au contraire trouver dans cette grandeur même, une consécration d'autant plus méritée, que cette Œuvre elle-même a trouvé en lui, à son début, un des éléments premiers et des plus importants de son existence et de ses destinées futures?

En 1592, tandis qu'à Milan et à Naples plusieurs princes et princesses se réunissaient dans le but de fonder un collége pour la Compagnie de Jésus, un riche bourgeois de Lille, Balthasar Bauters, réalisait à lui seul ce projet dans sa ville natale, avec une magnificence royale, et dotait sa patrie d'un collége ou plutôt d'un véritable palais pour servir de maison d'éducation entre les mains des Jésuites.

C'était un bel exemple pour M. Le Vasseur; aussi n'épargna-t-il ni les soins ni l'argent. « La structure et foudation » magnifique de la Chartreuse, dit dom Cuvelier, est une œuvre » vraiment royale, et surpasse la portée et condition de l'en- » trepreneur. Aussi l'on assure que quand on parla de ce dessein » au sérénissime archiduc Albert, prince souverain des Pays- » Bas, et qu'on lui exposa la beauté et grandeur de la maison » que prétendoit bastir M. Le Vasseur, il dit aux assistans : « Voilà un bourgeois de Lille qui fait ce que je n'oserois moi- » mesme entreprendre. »

Malgré les ravages de la guerre et les difficultés de toute nature, l'œuvre fut conduite à bonne fin. Les constructions de la Chartreuse se continuaient depuis 1618. Le 25 septembre 1627 l'évêque d'Arras bénit la première pierre de l'église, et la messe fut célébrée pour la première fois le 28 août 1639.

M. Le Vasseur n'eut pas la consolation de voir l'entier achèvement de son œuvre, car l'installation définitive des Chartreux et la consécration de l'église n'eurent lieu que plusieurs mois après sa mort, le 16 septembre 1644.

La grande humilité du Fondateur lui fit refuser toute marque de distinction dans le monastère. C'est à peine s'il consentit, après beaucoup d'instances, à laisser placer ses armoiries dans un coin, derrière une porte, de manière à ce qu'elles ne pussent être vues. L'honneur, la gloire, il les reportait à Dieu. « C'est pour ce sujet, dit dom Cuvelier, qu'il a fait sculpter

» sur la boiserie de la porte du chœur : *Non nobis, Domine,*
» *non nobis, sed Nomini Tuo da gloriam*, et que sur la prin-
» cipale fenestre, derrière le grand autel, à l'endroit le plus
» honorable, où les seigneurs des lieux, les fondateurs ou prin-
» cipaux bienfaiteurs ont coutume de faire mettre leurs noms
» ou leurs armes pour montrer leur juridiction ou perpétuer le
» souvenir de leurs insignes bienfaits, il a fait mettre en gros
» caractères ces trois mots : *Soli Deo gloria.* »

III

La vertu et le mérite du magistrat lillois furent connus et
justement appréciés à la cour. L'archiduc Albert voulut lui
donner une place importante auprès de sa personne. Le comte
de Coupigny, surintendant des finances, eut à ce sujet une longue
correspondance avec M. Le Vasseur, mais celui-ci refusa toujours, disant qu'on ne pouvait lui faire un plus sensible plaisir
que de le laisser dans l'état médiocre où il se trouvait, et que
toute son ambition était de rendre à ses amis et à ses concitoyens
tous les services dont il était capable. M. de Coupigny, rapportant
ces paroles au prince, disait en riant : « M. Le Vasseur refuse
» cette charge qu'on lui présente et qu'on le prie avec force
» d'accepter, et quelqu'un m'a voulu donner douze mille florins
» pour que je m'employasse à la lui faire avoir. »

Plus tard, l'Infante Isabelle écrivit elle-même une lettre très-
flatteuse pour M. Le Vasseur, afin de le faire nommer encore
mayeur de Lille. Après la mort de cette princesse, en 1655,
M. le président Vose, qui jouissait d'un très-grand crédit auprès
de Philippe IV, roi d'Espagne et prince des Pays Bas, fit de
pressantes instances pour l'employer à la cour dans les affaires
d'Etat, mais le modeste mayeur sut résister à toutes les sollicitations et répondit à M. le président, qui lui représentait qu'il

était obligé d'employer pour le service du roi et de la patrie les talents que Dieu lui avait donnés, « qu'il ne croyoit pas » qu'on pût lui reprocher de n'avoir pas servi son prince et son » pays suivant sa petite portée, et qu'il espéroit ne jamais man- » quer à ce juste devoir, jusqu'au dernier moment de sa vie. »

I V

Dieu, qui se plaît à exalter les humbles, voulut, dès cette vie, récompenser la vertu et le dévouement si désintéressé du modeste Mayeur. Il entrait dans les desseins de sa Providence que Lille, par un acte public et solennel, consacrât à tout jamais les liens de reconnaissance et d'amour qui, depuis six siècles, l'unissaient à Notre-Dame de la Treille, sa bienfaitrice et sa patronne ; et Il voulut que cette consécration, en rendant désor- mais inséparable le nom de Le Vasseur de celui de la Vierge de Lille, y attachât au centuple cette gloire que son humble ser- viteur mettait tous ses soins à tenir loin de lui.

Lille, dont les dernières fêtes jubilaires proclamées dans toute la Catholicité devaient, avec leur magnificence et leur parfum d'indicible piété, être comme l'aurore et l'annonce des solennités à jamais mémorables au milieu desquelles Pie IX proclamait le dogme de l'Immaculée Conception ; Lille, à deux siècles de distance, devait encore par une consécration solennelle d'elle- même à la sainte Vierge, servir comme d'annonce et de prépa- ration à cet élan national qui, en 1638, portait la France, à la suite de Louis XIII, à se consacrer à la Mère de Dieu, et à laisser aux âges futurs, un monument impérissable de ce grand fait dans l'institution des processions solennelles en son honneur, le jour de l'Assomption.

En 1634, les faits merveilleux qui, au xiiie [1] et au xvie siècle,

[1] La fête de Notre-Dame de la Treille, *la Festivité*, fut instituée le 2 juin

avaient rendu si célèbre le sanctuaire de Notre-Dame de la Treille , vinrent de nouveau dire à tous la puissance et la bonté de la Vierge de Lille. Aussi de toutes parts , à son sanctuaire, accouraient des foules que bientôt devaient suivre les princes de l'Eglise , les empereurs et les rois. Le chapitre de Saint-Pierre ne pouvait rester étranger au mouvement général. Répondant aux vœux de tous , il voulut que, par une consécration solennelle, Lille dît à sa Bienfaitrice sa reconnaissance et son amour. Aussi députa-t-il quelques-uns de ses membres pour pressentir à cet égard les intentions de MM. du Magistrat. M. Le Vasseur les reçut avec joie, et leur répondit en ces termes :

« MM. du Magistrat vous savent bon gré de ce que vous leur
» avez proposé , et feront volontiers tout ce qui est pour l'honneur
» de Notre-Dame de la Treille ; c'est pourquoi ils accordent de
» faire chanter une messe solennelle à l'autel de la même Vierge ,
» en l'église de Saint-Pierre, où ils assisteront en corps , et feront
» porter les clefs de la ville pour être mises sur l'autel et offertes
» à Notre-Dame à la messe; l'acceptant de nouveau pour patronne
» tutélaire de la ville; à cette fin, ils feront porter par leur héraut
» le labarum de la Dédicace, lequel demeurera en ladite chapelle
» pour témoignage de cette dévotion. »

La solennité fut fixée au 28 octobre ; neuf jours de fêtes devaient la précéder. La chapelle de Notre-Dame de la Treille venait de recevoir une restauration magnifique [1] et la statue miraculeuse qui , depuis plus de deux siècles, n'avait pas quitté la place qu'elle

1254 , à l'occasion des premiers miracles opérés devant la statue et qui continuèrent jusqu'en 1269. A cette époque ils se multiplièrent avec une abondance merveilleuse qui fait dire à l'annaliste de Notre-Dame de la Treille : « Les faveurs de Nostre-Dame tomboient à foison , en l'esglise de Sainct-Pierre » comme une rosée de paradis. » Pour en conserver le souvenir, la comtesse Marguerite obtint de Clément IV l'institution de la célèbre procession de Notre-Dame de la Treille , dite la procession de Lille.

[1] Une personne de Lille , très-zélée pour le culte de Notre-Dame de la

occupait sur son autel depuis le jour où, après une restauration
semblable, Philippe le Bon, à la tête de ses chevaliers, se consacrait à Elle avec l'Ordre de la Toison d'or; la statue miraculeuse devait être replacée sur l'autel avec grande pompe au
milieu des solennités.

Le 19 octobre une procession générale ouvrit la fête. La statue
miraculeuse qui jamais, dans les siècles précédents, n'avait franchi
l'enceinte de la collégiale ¹, fut portée triomphalement à travers
les places et les rues de la ville. Un immense et magnifique
reposoir l'attendait à l'Hôtel de Ville. C'est là qu'en bénissant son
peuple elle reçut les prémices de la consécration qui devait
couronner ces solennités.

Enfin, après neuf jours de fêtes et d'attente, se leva ce jour
à jamais mémorable dans les fastes de Lille. Le 28 octobre, à
neuf heures du matin, au son de toutes les cloches de la ville,
le canon tonnant sur les remparts, au milieu d'un immense
concours de peuple, le Mayeur, suivi des échevins, quittait
l'Hôtel de Ville pour se rendre à la collégiale. Le cortége était
précédé du héraut d'armes portant le labarum de la Dédicace.
Sur l'une des faces, la Vierge, du haut des nues, radieuse dans la
Treille, regardait à ses pieds Lille avec amour, et le peuple à
genoux montrait avec confiance ces paroles : DICET HABITATOR
INSULÆ HUJUS : HÆC EST SPES NOSTRA ; *L'habitant de l'Ile dira:
Voilà notre espérance.* — Sur le revers on lisait, en lettres d'or,
le chronogramme de la dédicace :

Treille, Jeanne Ricart, avait obtenu du Chapitre de supporter à elle seule
tous les frais de cette restauration. Plus heureuse en cela que Melle Antoinette
de Lyot, femme de M. Le Vasseur, qui n'avait pu obtenir du Chapitre de
remplacer par une Treille en argent massif, celle qui, depuis des siècles,
entourait la statue miraculeuse.

¹ Elle fut portée pour la première fois, à l'extérieur de la collégiale, en
1634, le jour de la Pentecôte, dans la procession solennelle, à la suite de
laquelle commencèrent à éclater les miracles qui continuèrent de 1634 à 1639.

B. VIRGINI
CANCELLATÆ
SENATVS POPVLVSQVE
INSVLAM
CONSECRABANT.

« *En 1634, à la bienheureuse Vierge de la Treille, par le magistrat et le peuple, Lille était consacrée.* »

Au haut du labarum, deux anges en or, d'une main tenaient les armes de la ville; de l'autre présentaient un livre sur lequel on lisait : IN LIBRO TUO OMNES SCRIBENTUR; *Sur ton livre tous seront inscrits.* Ce livre représentait celui de la Confrérie de N.-D. de la Treille sur lequel on devait inscrire les noms des habitants. MM. du Magistrat devaient donner l'exemple, et non contents de dédier à la Vierge de Lille les remparts et les murailles, ils voulurent, en inscrivant leurs noms, lui consacrer leurs personnes avec tout l'apparat et dans l'ordre de leurs magistratures.

Lorsque le cortége arriva à Saint-Pierre, il fut reçu solennellement dans la collégiale et prit place dans la chapelle de la Vierge, où l'attendait le Chapitre rangé près de l'autel. La messe commença. A l'offertoire eut lieu la consécration de la ville : M. Le Vasseur présenta les clefs de la ville et le labarum de la Dédicace. Au même instant parut une immense fleur-de-lis en lumières, représentant les armes de la ville, et formée par autant de cierges que la ville contenait de places et de rues, de telle sorte, dit l'analiste de Notre-Dame de la Treille, que l'amour de la Vierge qui embrasait tous les cœurs des habitants de Lille brillait encore dans leurs armes représentées par la fleur-de-lis en feu.

Le soir on prêcha sur les paroles d'Isaïe inscrites sur le labarum : *L'habitant de l'Ile dira : Voilà notre espérance*, et la ville entière chanta les litanies de la sainte Vierge. Au jubé de la Collégiale, près de la grande fleur-de-lis illuminée, on lisait ces paroles étincelantes de lumières :

LILLE, CITÉ DE LA VIERGE.

V

Les dernières années de la vie de M. Le Vasseur, ces années qu'il avait toujours souhaité passer dans la solitude et le calme de la Chartreuse de la Boutillerie, pour s'y préparer à paraître devant Dieu, furent plus entièrement encore, s'il est possible, consacrées au bien général de la ville et de ses concitoyens.

Les circonstances étant devenues difficiles par suite de dissentiments en la Maison de ville, plusieurs prétendant, sous prétexte du bien public, séparer le corps de la ville de celui des Etats ou de la Châtellenie, tous jetèrent les yeux sur M. Le Vasseur, comme étant seul capable de ramener la paix et l'union. « Car sa prudence, » sa douceur, son affabilité qui le rendoient tout à tous, et les » autres belles qualités, qui paraissoient en ses paroles, en ses » manières obligeantes, et en toute la conduite de sa vie si » chrétienne et si exemplaire, lui avoient gagné l'affection et la » vénération de toute la ville. » Malgré les droits que son âge avancé et les services continués depuis près d'un demi siècle semblaient lui donner au repos et à la retraite, M. Le Vasseur accepta, et le jour de la fête de Toussaint 1643, jour où l'on renouvelait tous les ans le Magistrat, il était nommé pour la dixième fois Mayeur aux acclamations de toute la ville.

« Par cette action, dit dom Cuvelier, et par plusieurs autres » semblables où il avoit montré un zèle incomparable pour le bien » et l'avantage de la ville, il avoit gagné le cœur et la confiance » d'un chacun; et comme d'ailleurs il estoit d'un accès très » facile, on ne pouvoit guère aller chez lui sans qu'on n'y » trouvast quelques bourgeois qui lui parloient; et d'autres qui » attendoient leur tour pour lui parler. Et comme il avoit un » grand désir de s'acquitter dignement de la charge de Mayeur » qui lui estoit imposée, et de procurer le bien et le profit de

» tout le peuple en général et en particulier, il ne renvoyoit
» presque jamais personne, et ne les remettoit que très-rarement
» à une autre heure ou à un autre jour, à moins qu'il ne fust
» occupé pour quelque affaire de grande importance, ou qu'il
» ne dust nécessairement se trouver à cette heure à l'Hôtel de
» Ville ; de sorte que fort souvent à peine pouvoit-il trouver le
» temps de prendre quelque repos et de faire sa réfection, dont
» il avoit grand besoin en caresme, mesme quoique son âge
» avancé et les fatigues de corps et d'esprit qui l'accabloient,
» il jeunast très exactement, il estoit quelquefois midi et demi,
» et mesme quelquefois encore plus tard, avant qu'il pust
» prendre son repas, parce qu'il escoutoit avec beaucoup de
» patience et de bonté tous ceux qui venoient lui parler ; et ne
» rebutoit jamais personne, quoique plusieurs lui en donnassent
» sujet, par leurs importunités et leur peu de raison dans ce
» qu'ils lui demandoient ou proposoient, ne se lassant point de
» leur dire et redire deux ou trois fois la mesme chose pour la
» leur faire comprendre, condescendant à leur faiblesse ou peu
» d'ouverture d'esprit, et faisant tout ce qu'il pouvoit pour les
» pacifier et les renvoyer contents. Quelquefois mesme il arrivoit
» que quelques-uns du mesme peuple estoient si inconsidérés,
» que de le venir trouver et demander avec empressement de
» lui parler, lorsqu'il ne faisoit que se mettre à table et com-
» mencer son dîner, qu'il quittoit souvent pour leur donner
» audience et satisfaction. Et comme son serviteur et sa servante
» lui témoignoient leur mécontentement qu'il se levast ainsi de
» table pour des artisans et des gens de peu de chose, et lui
» disoient qu'il estoit bien juste qu'il auroit du moins une heure
» pour manger à son aise ; il leur répondit avec sa douceur
» ordinaire, que son office le rendoit débiteur envers un chacun,
» aux petits aussi bien qu'aux grands, et qu'il n'avoit point de
» plus grand plaisir que de se faire, autant qu'il estoit en son
» pouvoir, tout à tous pour les contenter tous ; « et puis si je

10

» fais attendre ces pauvres gens après moi, je serois cause, disoit-
» il, qu'ils perdront leur tems, dont ils ont besoin pour gagner
» leurs dépens et leur vie. »

Ce dévouement si absolu, cette immolation constante de tout
lui-même au bien public, finirent par épuiser ses forces et
abrégèrent sa vie. Dieu d'ailleurs avait hâte de récompenser une
vertu si chrétienne et si héroïque. Le 19 avril 1644, M. Le
Vasseur rendait son âme à son Dieu au milieu du deuil général.
« Avec un regret de tous les honnestes gens de la ville, et une
» plainte et lamentation de tous les pauvres qui, en sa personne
» perdoient un asile, et un très-bon père qui les avoit secourus
» en toutes leurs misères. — Son corps fut mis dans un cercueil
» de plomb, dans lequel suivant son intention et ordonnance,
» l'on a mis un os du bras de demoiselle Antoinette de Lyot, sa
» femme, morte en 1612, et la teste d'un bien grand ami et
» parent, nommé Charles Herlin, en son vivant docteur en
» médecine, décédé en 1614. »

Suivant le désir qu'il avait exprimé, son corps fut transporté
à la Chartreuse de la Boutillerie, et inhumé devant le maître-
autel de l'église, dans le lieu qu'il avait fait préparer et bénir
dès l'année 1639. Sur la tombe fut placée une pierre sépulcrale
portant cette inscription :

D. O. M.

In spem resurrectionis hic jacet

Nobilis atque amplissimus vir

DNS JOANNES LEVASSEUR

In utroque jure licentiatus

Toparcha in Rabodenges, Boutillerie, etc.

Urbis Insulanæ decimum Consul,

Cui muneri fidelis Deo et Regi immoritur,

Die aprilis XIX, anno Christi MDCXLIV, ætatis LXXIII,

Post steriles nuptias cœlebs,

E divi Brunonis familiâ XXV filios adoptavit,

Quibus hanc Cartusiam condidit, dotavit, ornavit,
Soli Deo in totâ operis mole gloriam dùm quæsivit,
Suam cum fœnore reperit.
Patrem agnoscunt filii,
Et mœrentes hoc Fundatori suo
Grati animi reponunt testimonium :
Humile quidem sed domesticâ pietate spectabile.
Suo est sibimet sepulchro monumentum
Vir clarissimus.
Requiescat in pace [1].

V I

Cent quarante-neuf ans plus tard, en 1793, la Chartreuse
de la Boutillerie était vendue, et comme la plupart des maisons
religieuses, livrée au fer destructeur. La tombe de M. Le Vasseur,
de cet homme dont la vie n'avait été qu'une bonne action, fut
indignement violée. Les avides et sacriléges acquéreurs de la
Chartreuse, sachant que, dans le chœur de l'église, sous la grande
pierre sépulcrale, se trouvait un cercueil en plomb, firent dé-
foncer la voûte du caveau qui le renfermait. Ayant ouvert le
cercueil, ils y trouvèrent un crâne, un grand os humain et le
corps de M. Le Vasseur dans un état de conservation si parfait,
qu'ayant fait apporter le portrait du Fondateur qui se trouvait
encore à la Chartreuse, ils purent constater l'identité par la res-
semblance entière et parfaite des traits du visage. Les membres
avaient conservé leur souplesse, et le corps tout entier avait les

[1] Il n'y a pas lieu de s'étonner si l'inscription de la pierre sépulcrale ne
fait pas mention de la consécration que M. Le Vasseur fit de la ville à Notre-
Dame de la Treille en 1634. Cette pierre était destinée à rester dans le chœur
de la chapelle de la Chartreuse de la Boutillerie, et les Chartreux, en écrivant
l'inscription, n'avaient qu'une préoccupation : rappeler la générosité du
Fondateur.

apparences de la vie. Un nommé Joseph Coisne, de la Boutillerie, ayant coupé un doigt de M. Le Vasseur, le sang sortit en jaillissant.— Les acquéreurs, satisfaits des dépouilles sacriléges, rejetèrent le corps dans le caveau et le couvrirent de décombres.

Cependant cet événement fit grand bruit. Beaucoup de personnes bravant la rigueur des temps et les menaces des acquéreurs, venaient vénérer les restes du Fondateur. La municipalité de Fleurbaix s'en émut, et huit jours après la première exhumation, elle se rendit à la Boutillerie. Le corps fut tiré des décombres et trouvé dans le même état de conservation. La municipalité, intimidée par les menaces des révolutionnaires, ne se rendit pas aux réclamations du curé de Fleurbaix, demandant l'inhumation au cimetière de la paroisse. Peut-être espérait-elle que le corps exposé aux chaleurs de l'été, — on était alors à la fin de juin, — finirait par se corrompre, ce qui eut été l'argument le plus péremptoire à opposer à la foule des fidèles qui se pressait tous les jours plus nombreuse, auprès de la dépouille de M. Le Vasseur. Aussi le corps fut laissé étendu sur le sol de l'église.

Les prévisions de la municipalité ne se réalisant pas, elle fit venir de Lille, d'accord avec le procureur syndic du district de Lille, le docteur Degland (père de M. Degland, décédé il y a quelques années rue Saint-Sauveur à Lille) pour procéder à l'autopsie. Lorsque ce dernier fit l'ouverture du corps, le sang sortit avec abondance et tel qu'il jaillirait d'un corps vivant. Le docteur Degland prit le cœur de M. Le Vasseur, et ne doutant nullement que la chaleur de l'été n'amènerait une décomposition immédiate, il laissa le corps étendu sur le sol de l'église. De retour à Lille il fit son rapport, où tout en constatant le parfait état de conservation du corps, il s'efforçait de l'attribuer à des causes purement physiques.

Cette assertion qu'il eût peut-être été difficile d'étayer de preuves suffisantes pour le temps qui précéda la première exhumation, paraissait trouver un démenti formel depuis que le corps, soumis à de nouvelles influences atmosphériques que la chaleur de l'été rendait délétères, conservait sa pleine et complète intégrité. Dix-sept jours, en effet, s'étaient écoulés depuis la première exhumation; et depuis dix jours que, par les ordres et en présence de la municipalité de Fleurbaix, avait eu lieu la seconde exhumation suivie presque immédiatement de l'autopsie, et que le corps mutilé gisait sur le sol de l'église, aucune altération ne s'était manifestée. L'assertion de M. Degland se trouvait d'ailleurs énergiquement combattue par les docteurs Cornat et Delassus, témoins oculaires des faits et présents à l'autopsie.

Le sentiment public se prononçait ouvertement en faveur de ces derniers, et trouvait une confirmation nouvelle dans plusieurs faits qu'il paraissait difficile d'attribuer à des causes purement physiques. L'émotion était générale; de toutes parts arrivaient des foules tous les jours plus nombreuses pour vénérer les restes de M. Le Vasseur. L'autorité supérieure de Lille s'en émut, et pour mettre un terme à ces manifestations, d'accord avec les autorités de Béthune, elle envoya à la Boutillerie un détachement de soldats qui prirent le corps et le ramenèrent à Lille, où il fut inhumé dans la partie du cimetière de Sainte-Catherine, qui se trouve actuellement occupée par la maison des Filles de la Sagesse.

VII

Le souvenir de M. Le Vasseur s'était perdu peu à peu par les mêmes causes qui avaient détruit, avec le sanctuaire, le culte de N.-D. de la Treille. Mais son nom, que la consécration de 1634 avait rendu inséparable de celui de la Vierge de Lille, devait avec lui, avoir, après ses jours d'épreuve et d'oubli, celui du triomphe et de la résurrection.

Douze ans s'étaient à peine écoulés depuis le jour où, en 1842, le culte de N.-D. de la Treille avait été solennellement rétabli, et la statue miraculeuse exposée de nouveau à la vénération des fidèles, que le sentiment public se faisait jour de toutes parts. Au milieu des émotions du Jubilé séculaire, Lille, sur sa place d'armes, aux pieds de N.-D. de la Treille, renouvelait par acclamation la consécration de 1634, et voulait perpétuer le souvenir de ce grand fait par un monument qui pût le transmettre aux générations futures.

Le nom de Le Vasseur, du consécrateur de 1634, ne pouvait être oublié dans ce nouveau triomphe de la Vierge de Lille.

Dès avant les solennités du Jubilé, le 20 mai, un service solennel était célébré en l'église Sainte-Catherine devant l'image miraculeuse, et un prêtre, enfant de Lille [1], prononçait l'éloge funèbre de l'illustre et pieux défunt.

Mais un souvenir plus durable et permanent lui était réservé. M. Le Vasseur qui, par la consécration de 1634, était en quelque sorte le principe de la manifestation de nos fêtes jubilaires, devait encore être comme le fondement du temple qui en sera la durable et magnifique expression. Sur sa pierre sépulcrale [2], comme sur

[1] M. l'abbé Bernard, vicaire général de Cambrai, archidiacre de Lille.

[2] La pierre sépulcrale de M. Le Vasseur, rachetée aux acquéreurs de la Chartreuse de la Boutillerie, par M. Vasseur, parent du Fondateur, fut par lui transférée de la Boutillerie dans sa propriété de Verlinghem, où elle demeura jusqu'en 1854. A cette époque, sur les indications de M. l'abbé Dallennes, chanoine titulaire de Cambrai, ancien curé de Verlinghem, M. l'abbé Bernard fit à madame Mahieu-Vasseur, fille de M. Vasseur, la demande de cette pierre pour l'église de N.-D de la Treille et St.-Pierre, et il l'obtint par la chaleureuse entremise de M. l'abbé Quentin de Verlinghem, actuellement secrétaire particulier de Mgr de Marseille, et allié à la famille Vasseur. La pierre fut transférée de Verlinghem à Lille, et placée sous le porche de l'église Sainte-Catherine, où elle se trouvait lors du service solennel célébré le 20 mai pour M. Le Vasseur. Son état de conservation était parfait, et son identité, d'ailleurs certaine, se trouvait établie de la manière la plus précise par la description contenue dans les Mémoires de

son fondement, devait s'élever le nouveau sanctuaire de N.-D. de la Treille. C'est là que repose cette pierre, en attendant peut-être qu'il plaise à la Vierge de Lille de faire reposer près d'elle et dans son sanctuaire, les restes de l'homme *juste*, *aimant ses frères et craignant Dieu*, qui fut son serviteur, et de montrer en lui comment elle sait récompenser le zèle et l'amour de ceux qui rendront notre cité digne d'être appelée toujours :

LILLE, CITÉ DE LA VIERGE.

LILLE
CITÉ DE LA VIERGE

dom Cuvelier. Magnifiquement restaurée sous la direction de M. Leroy, architecte de l'église monumentale, elle fut inaugurée solennellement à N.-D. de la Treille et St.-Pierre le 18 avril 1858, en présence de Mgr l'archevêque de Cambrai, qui vint célébrer la sainte messe en la chapelle provisoire. Elle y resta exposée jusqu'au 27 novembre 1858, jour où elle fut placée définitivement dans la crypte, dans l'emplacement au-dessus duquel s'élèvera le sanctuaire particulier de N.-D. de la Treille.

TABLE DES MATIÈRES

41

III. — Pièces annexées.

FIN DE LA TABLE.

— LILLE, TYP. L. LEFORT, M DCCCLXIII. —

www.ingramcontent.com/pod-product-compliance
Lightning Source LLC
Chambersburg PA
CBHW050015100426
42739CB00011B/2646